하버드 회복탄력성 수업

하버드 회복탄력성 수업

EVERYDAY RESILIENCE

우울, 불안, 번아웃, 스트레스에 무너지지 않는 멘탈 관리 프로젝트

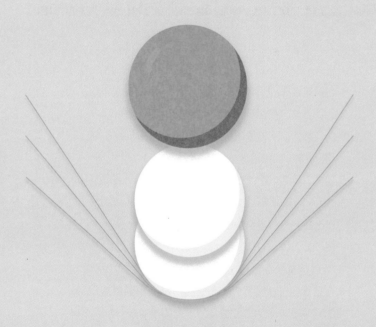

게일 가젤 지음 | **손현선** 옮김

현대
지성

✓ 나의 회복탄력성 지수는?

이 책을 기반으로 만든 회복탄력성 지수 테스트이다.
아래의 문항을 읽고 점수를 매겨보자.

(매우 그렇다: **5점**, 그렇다: **4점**, 보통이다: **3점**, 그렇지 않다: **2점**, 전혀 그렇지 않다: **1점**)

---

1. 새로운 일이 주어져도 잘해낼 자신이 있다. [   ]
2. 실패를 통해서도 배우고 다음에 접근 방식을 바꾼다. [   ]
3. 일이 계획대로 진행되지 않아도 불안해하지 않는다. [   ]
4. 내 주변에는 고민을 터놓을 친구나 동료가 있다. [   ]
5. 어떤 상황이든 나 자신을 용납한다. [   ]
6. 한 번 시작한 일은 끈기 있게 밀고 나간다. [   ]
7. 스트레스를 해소하는 나만의 방법이 있다. [   ]
8. 나만을 위한 시간을 따로 갖는다. [   ]
9. 미래에 대해 긍정적으로 생각한다. [   ]
10. 내가 통제할 수 없는 문제들은 걱정하지 않는다. [   ]
11. 도움을 청하는 것은 약점이라고 생각하지 않는다. [   ]
12. 삶에 변화가 생기면 그에 맞게 생각을 바꾸려 한다. [   ]
13. 감정적인 문제가 대인관계나 일을 방해하지 않는다. [   ]
14. 감사해야 할 일이 많다. [   ]
15. 나는 평소 '아니오'보다는 '예'라고 자주 말한다. [   ]
16. 나는 언제나 사랑받는 사람이다. [   ]

점수 총합: _____점

16~37점

회복탄력성이 비교적 낮은 편이다. 현재 자신감이 없거나 미래를 비관할 수도 있다. 스트레스를 받아도 해소할 방법이 없고 통제 불가능한 일인데도 내 방식대로 해결하려고 애쓰는 편이다. 하지만 포기하지 말자. 이 책과 함께 바로 지금 작은 변화부터 시작해보자.

38~59점

회복탄력성이 높지는 않지만 개선의 여지는 충분하다. 아마도 내면의 힘을 더욱 키워야 할 수도 있다. 6가지 마음 근육 중에 자신에게 부족한 것이 무엇인지 살펴보고 이 책에서 제시하는 훈련 방법에 집중한다면 회복탄력성을 얼마든지 높일 수 있다.

60~80점

회복탄력성이 비교적 높은 편이다. 당신은 스트레스를 잘 해소하고 사고방식이 유연하며 대인관계가 원만한 사람이다. 분명한 목표를 가지고 있고 매사에 긍정적이며 어떤 도전도 기꺼이 받아들인다. 이 책을 통해 회복탄력성을 더욱 강화시킬 수 있다.

회복탄력성의 달인이 된 자신의 모습을 한번 상상해보자. 직장 상사에게 꾸지람을 듣거나 맡겨진 일을 제대로 해내지 못해도 좌절하거나 자신감을 잃지 않는다. 간절히 바라던 일을 당장은 이루지 못해도 다음에 또 기회가 있을 것이라는 희망으로 오늘 하루를 성실히 살아간다. 우울하고 의기소침해지고 괴로운 생각이 들더라도 감정에 휘둘리지 않고 이내 평정심을 되찾는다.

삶의 조건은 변한 게 없지만 달라진 점 하나가 있다. 내적인 힘을 갖춰 몸과 마음이 건강해지고 안정감을 갖게 된 것이다. 달인처럼 능수능란하게 인생을 살아갈 수 있다니 상상만 해도 너무 좋지 않은가!

여러분에게 알려주고 싶은 기쁜 소식이 있다. 회복탄력성은 그리 멀지 않은 곳에 있다는 사실 말이다.

당신이 몇 살이든, 어떤 삶을 살아왔든지 간에 이미 충분히 역경과 시련을 겪었을 것이다. 고용 불안, 질병, 사고, 이별, 팬데믹까지… 우리는 인생이라 부르는 여정에서 이 모든 것을 자연스럽게 마주친다. 이제 겨우 장애물을 통과하고 인생이 좀 풀리려나 생각했는데 또 다른 장애물이 막아서고 있는가?

이런 힘든 상황을 돌파할 수 있는 용기와 힘을 주고 지혜와 같은 내적 자원을 제공하는 것이 바로 '회복탄력성'이다. 가끔은 시련을 어떻게 감당해야 할지, 과연 회복탄력성이라는 게 존재하기는 하는지 의구심이 들 때가 있다. 당연히 회복탄력성은 존재한다!

누구나 내면 깊숙이 회복탄력성이 잠재되어 있다. 회복탄력성은 비범한 사람만이 가지는 특별한 자질이 아닌, 모든 사람의 내면에 이미 자리하고 있는 공통적인 본성과도 같다. 다만 그동안 우리가 회복탄력성에 접근하는 법을 알지 못했을 뿐이다. 이 깊고도 굳건한 힘을 따로 배운 적이 없어서 그렇다.

역경 관리에 필요한 힘과 도구가 내면 깊숙한 곳에서 우리에게 발견되길 기다리고 있다. 당신 안에 '원석'처럼 묻혀 있는 회복탄력성을 발굴해야 한다. 어떻게 이 힘을 꺼내 쓸지, 어떻게 이 도구를 갈고닦을지에 관해 현대 신경과학 분야에서 활발하게 연구되어왔다. 나는 당신과 그 힘을 찾아가는 여정을 함께하려 한다. 이 책에서는 회복탄력성을 심층적으로 이해하기 위해 최근 신경과학의 여러 연구 결과를 검토할 것이다.

나는 의료 현장에서 온갖 어려움을 겪는 수천 명의 사람을 만나보았다. 특히 시한부 환자를 돌보는 호스피스 의료인의 신분으로 인생의 마지막에 있는 사람들을 돕고 있다. 그중 마음의 고통에 굴복하는 이들도 많이 본다. 반대로 소중한 사람들과 남은 시간을 가치 있게 보내는 이들도 보았다.

내가 호스피스 의료인 15년차였을 때 의료계는 힘든 시기를 보내고 있었다. 전자 의료 기록 시스템이 도입되고 생산성과 수익성만 강조하는 체계로 바뀐 것이다. 그런 탓에 많은 의료인이 자신의 소명으로부터 소외된 느낌을 받았고, 행정적인 부담이 가중되어 환자를 돌보는 데 어려움을 겪었다. 나는 이런 의료인들을 돕고자 '의료인 전문 코치'가 되기로 마음먹었다. 그 후 10년 동안 500여 명의 동료를 코치하는 특권을 누렸다. 이 과정에서 동료들이 회복탄력성을 발휘해 시련을 극복하는 엄청난 일들을 경험했다. 아울러 나는 전문 명상 강사로 활동하면서 마음챙김 훈련을 깊이 탐구하기도 했다.

나도 개인적으로 회복탄력성이 절실히 필요한 사람이었다. 나는 중산층 가정에서 교육 수준이 높은 부모님 밑에서 자랐다. 겉으로는 행복하고 단란한 가정이었지만 집 안에서 벌어지는 일은 전혀 딴판이었다. 부모님 두 분 모두 자신의 상처를 극복하지 못해 자녀인 나에게 많은 학대를 가했다. 나는 그런 부모님을 피해 학교 공부에 몰두했고 친구들의 우정에 더 많기 기댔다. 어려운 시기를 견디려고 책 속에 펼쳐진 멋진 세상으로 도피하기도 했다. 암울한 가정환경을 극복하기 위해서는 내면의 힘이 필요했다. 그 당시 회복탄력성이라는 개념을 만나고 내 삶에 적용하면서 힘겨운 어린 시절을 이겨낼 수 있었다. 이 책에서 소개할 여러 훈련을 통해 내면의 강점과 선한 능력을 재발견했다.

누구나 회복탄력성을 소유하고 있고 누구나 회복탄력성이 필요하다. SNS를 보면 사람들은 모두 별다른 위기 없이 근사한 삶을 살고 있는 것처럼 보인다. 그래서 '왜 나만 이렇게 힘들까? 왜 내 인생은 이렇게 꼬이는 거지?'라는 의문이 들기도 한다. 하지만 실제로는 그들의 삶에서 무슨 일이 벌어지는지 알 수 없다. 알고 보면 누구나 크고 작은 인생의 시련을 겪고 있다. 따라서 모든 사람은 회복탄력성이 필요한 존재다.

이 책은 일상 속에서 회복탄력성을 발견하고 내면의 강점과 적성을 계발할 수 있도록 안내하고 있다. 각 장에는 실제 인물이 겪은 시련과 성장 스토리가 소개된다. 인생의 도전에 맞서 회복탄력성을 활용할 수 있도록 누구나 따라 할 수 있는 훈련 방법도 제시한다.

책 전반에 걸쳐 몇 가지 핵심 주제가 반복해서 등장한다. 첫째, '마음챙김'이 중요하다. 마음챙김은 우리가 경험하는 것의 실체가 무엇인지 알게 하여 더욱 명확한 관점을 가지고 다음 행보를 정할 수 있게 한다.

둘째, 우리가 집중하는 것이 현실이 될 확률이 높다는 사실을 살펴본다. 잘되는 일과 강점에 주목하면 인생의 긍정적 요소를 잘 간과할 수 있다. 인간의 뇌는 말랑말랑하다. 현대 신경과학은 뇌가 매 순간 새롭게 매핑mapping하고 새롭게 연결된다는 사실을 밝혀냈다. 이 희소식은 회복탄력성 훈련에 타당한 근거가 된다.

마지막으로, 인생에는 많은 선택 지점이 있다는 사실을 명심해야 한다. 물론 우리의 통제 범위를 벗어난 역경과 어려움도 많다. 하지만 회복탄력성은 우리가 '통제할 수 있는' 것에 내리는 선택과 관련이 있다. 회복탄력성은 시련을 만났을 때 어쩔 수 없이 인내하게 하는 것이 아니다. 오히려 인생을 다른 관점에서 보게 하여 시련에 적극 맞설 수 있게 한다.

회복탄력성을 키우기 위한 마음 근육(대인관계, 유연성, 끈기, 자기조절, 긍정성, 자기돌봄)을 깊이 연구하면 어떤 선택을 해야 할지 명료한 관점을 얻을 수 있다.

이 책은 당신에게 필요한 '정보'와 '전략' 두 가지를 균형 있게 제공한다. 책을 읽으면서 부디 '하늘이 내린 권리'를 되찾길 바란다. 그 권리란 어떤 시련이 다가와도 인생을 누리고 성공할 수 있는 능력을 발휘하는 것이다.

게일 가젤

차례

나의 회복탄력성 지수는? · · 8

들어가며 · · 10

1장 누구에게나 회복탄력성은 있다

01 회복탄력성이란 무엇인가? · · 21

02 당신은 뇌 회로를 충분히 바꿀 수 있다 · · 27

03 회복탄력성 계발의 출발점 · · 35

04 이 책을 어떻게 활용할 것인가? · · 39

핵심 정리 · · 43

2장 대인관계(Connections)

01 대인관계능력을 키우려면 · · 47

02 인간관계는 어떤 유익을 주는가 · · 54

03 섬김이 행복의 비결이다 · · 60

핵심 정리 · · 65

3장 유연성(Flexibility)

01 유연성을 키우려면 · · 69

02 세상의 모든 것은 변한다 · · 78

03 관점을 바꾸면 사고가 유연해진다 · · 86

핵심 정리 · · 93

4장 끈기(Perseverance)

01 끈기를 키우려면 · · 97

02 목표가 인생의 더 큰 목적에 부합하는가 · · 104

03 끈기를 가지려면 계획은 구체적으로 · · 110

04 현실을 있는 그대로 받아들이자 · · 116

핵심 정리 · · 123

5장 자기조절(Self-Regulation)

01 자기조절능력을 키우려면 ·· 127

02 휘몰아치는 감정을 어떻게 다룰 것인가 ·· 135

03 잠시 멈추어가도 좋다 ·· 144

핵심 정리 ·· 150

6장 긍정성(Positivity)

01 긍정성을 키우려면 ·· 153

02 내면 비판자에게 맞서기 ·· 160

03 낙관주의자는 모든 난관 속에서 기회를 포착한다 ·· 167

핵심 정리 ·· 173

7장 자기돌봄(Self-Care)

01 자기돌봄능력을 키우려면 ·· 177

02 나는 판단이 아닌 공감의 대상이다 ·· 184

03 나만을 위한 시간을 따로 만들자 ·· 191

핵심 정리 ·· 198

8장 회복탄력성은 마라톤이다

01 한 발 한 발 앞으로 나아가자 ·· 201

02 마라톤을 끝까지 완주하려면 ·· 205

03 마치며 ·· 207

도움이 될 만한 자료 ·· 209

참고문헌 ·· 213

감사의 말 ·· 218

1장

누구에게나
회복탄력성은 있다

회복탄력성이라고 하면 평범한 사람은 따라할 수 없는 비범한 사람의 전유물이라고 생각한다. 하지만 이것은 오해다. 회복탄력성은 누구나 내면에 지니고 있는 타고난 힘이다.

회복탄력성을 한 번도 계발해본 적이 없는 사람들이 많다. 내면의 원천에서 물을 긷는 법을 배우지 않아 그 능력이 잠재된 상태로 머물러 있는 것이다. 물론 배움에는 늦은 때가 없다. 각자 나름의 방식으로 얼마든지 회복탄력성을 키울 수 있다. 이 책은 그 과정의 출발점이 되어줄 것이다. 당신은 회복탄력성 수업을 통해 마음속 깊숙이 내재된 회복탄력성이 무엇인지 깨달을 수 있다. 아울러 이 강력한 자원을 키우기 위해 뇌 회로를 재구성할 수 있다는 사실도 알게 될 것이다.

01 회복탄력성이란 무엇인가?

　　'회복탄력성'이라는 말을 들으면 어떤 이미지가 떠오르는가? 잡아서 늘여도 원래대로 되돌아가는 탄력성 있는 고무 밴드가 떠오를 수 있다. 강풍이 불면 휘어지기는 해도 부러지지는 않는 튼튼한 나무가 떠오를 수도 있다. 물론 아주 관련이 없지는 않지만 내가 생각하는 회복탄력성은 단순히 부러지지 않거나 원상 복구하는 능력 그 이상이다.

　나는 회복탄력성이라는 말을 들으면 무엇보다도 우물의 이미지가 떠오른다. 회복탄력성은 인생의 역경과 도전에 맞설 때 마음의 원천에서 필요한 자원을 끌어올 수 있는 내적인 능력을 말한다. 이번 장에서는 회복탄력성이 무엇인지 자세히 알아보도록 하자.

'회복탄력성'이라는 내면의 원천

회복탄력성은 단순히 난관에 맞서 일어서는 것만을 말하지 않는다. 내면의 힘과 자원, 지혜, 선함을 포괄한다. 마음과 정신을 강하게 만들어 역경을 뚫고 나아가게 하고, 우리를 억누르는 상황을 감당할 수 있게 해준다. 역경은 늘 일어나기 마련이다. 인생에서 역경은 피할 수 없다. 하지만 회복탄력성이 있으면 역경에 맞설 수 있다. 회복탄력성은 어떤 장애물도 극복하도록 돕는다.

당신이 회복탄력성이라는 우물(원천) 앞에 서 있다고 상상해보자. 이 우물 안에는 청량하고 신선한 생수가 가득하다. 모든 생명체에 자양분을 제공하고 생명을 유지시키는 원천이다. 잠시 이 우물의 생수를 떠서 마시는 장면을 상상해보자. 생수를 마실 때 어떤 느낌인가? 몸의 긴장감이 풀리는가? 마음이 차분해지는가? 당신이 이 책에서 길어 올린 소중한 지혜는 인생에서 만나는 크고 작은 도전에 어떻게 맞설지 알려줄 것이다.

실제로 회복탄력성을 과감히 발휘해 인생의 도전을 극복한 사람들이 있다.

두 아이의 엄마이자 초등학교 1학년 담임교사인 제니퍼는 다발경화증 진단을 받았다. 예전에는 달리기 마니아였지만 이제는 지팡이 두 개가 없으면 걸을 수 없다. 병이 어떻게 진행될지는 아무도 예측할 수 없었다. 제니퍼는 박탈감을 느꼈고 어떻게 살아가야 할지 막막했다. 교사직을 포기해버릴 생각도 했다. 하지만 그녀의 인생에서 아이들보다 더 큰 기쁨과 보람은 없었다. 병이 무엇을 앗아갔든 그녀에게는 교실을 지키는 것이 앞으로 나아갈 원동력이 되었다. 수많은 역경이 있었지만 의미 있는 일을 하고 있다는 생각이 모든 상황을 이기는 데 도움이 되었다.

엔지니어로 일하는 27살 제프리는 십 대 이후 늘 불안 문제로 씨름했다. 다른 사람이 자신을 어떻게 생각하는지 항상 눈치를 보았다. 자신이 저지른 실수를 머릿속에서 반복 재생하며 밤을 지새울 때도 많았다. 손톱은 너무 자주 물어뜯어 짧게 닳았고 위궤양 증상도 있었다. 수년간 사귄 여자 친구가 이별을 통보한 뒤 그는 비로소 심리 치료를 받기 시작했다. 아울러 마음챙김 강좌에 등록해 현재 자신을 불안하게 만드는 생각에 대해 차분히 돌아보았다. 머지 않아 명상과 요가가 내면의 균형 감각을 키우고 마음의 안정감을 준다는 사실을 깨닫게 되었다.

역경을 통해 한 단계 더 성장하는 사람이 있는가 하면, 외상후스트레스장애PTSD나 우울증 같은 병을 얻는 사람이 있다. 낙관주의와 자기공감에 힘입어 앞으로 나아가는 사람이 있는가 하면, 비관과 의기소침, 냉소, 분노에 빠지는 사람이 있다. 일상의 어려움을 파도타기하며 파도를 뚫고 나오는 사람이 있는가 하면, 정신이 마비되어 사소한 결정조차 내리지 못하는 사람이 있다.

이런 차이가 나는 이유는 무엇일까? 현대 과학은 부분적으로나마 그 이유를 알려준다. 스트레스에 대한 반응은 생리, 심리, 사회, 영성, 유전, 가족 등 제반 요소가 상호 작용한 결과물이다. 이 요소들은 사람마다 독특한 방식으로 결합되어 있지만 우리는 이 요소들에 영향을 미쳐 긍정적인 방향으로 물고를 돌릴 수 있다.

내면의 힘 발견하기

호스피스 환자, 트라우마 생존자, 의사 등 수천 명을 만나

본 뒤에 깨닫게 된 중요한 사실이 있다. 생물학적, 환경적 요인과는 무관하게 회복탄력성은 모든 사람의 내면에 본성적인 자질로 존재한다는 것이다. 우리는 모두 회복탄력성을 가지고 태어난다. 그렇다고 모든 사람이 내면의 힘을 발견하는 것은 아니다. 내면의 힘을 키울 수 있다는 사실조차 모르는 사람이 많다. 회복탄력성이 높으면 내 인생의 작가가 되어 과거에 벌어진 일과 상관없이 새롭게 엔딩을 써내려갈 수 있다는 것도 배우지 못했다. 경험에서 얻은 지혜를 존중하는 것이 회복탄력성을 키우는 데 유익하다는 사실도 몰랐다.

이 책은 회복탄력성을 이해하고 계발하는 데 필수적인 여러 도구를 제공한다. 1장에서는 스트레스와 역경에 긍정적으로 반응하도록 뇌를 훈련시킬 수 있다는 학계의 연구 결과를 살펴본다. 그리고 회복탄력성의 핵심 구성요소와, 각각의 요소를 강화시키는 방법을 알아본다. 2장에서는 대인관계와 공동체가 회복탄력성에 미치는 긍정적인 영향을 이해하고, 건강하고 지속적인 관계 맺는 법을 배운다. 3장에서는 유연한 생각을 갖추는 방법을 살펴보고 변화와 불확실성에 대처하는 새로운 방법을 모색한다. 4장에서는 끈기와 동기부여가 삶을 변화시키는 데 어떤 유익함을 주는지 배운다. 5장에서는 회복탄력성을 가로막는 부정적 감정을 알아본다. 6장에서는 긍정적 감정이 성장, 건강, 창의성에 미치는 영향을 살펴본다. 7장에서는 자기돌봄의 방법을 알려준다. 마지막으로 8장에서는 지금까지 배운 것을 복습하고 회복탄력성을 키우는 장기적인 계획을 세운다.

이 수업에서는 회복탄력성에 도움을 받은 사람들의 실제 이야기도 소개한다. 또 일상에서 누구나 시도해볼 수 있는 회복탄력성 훈련 방법도 제시한다. 훈련에는 자기성찰을 위한 개인적인 글쓰기도 포함된다. 노트를 한 권 준비해 떠오르는 아이디어나 통찰 등을 메모해보기를 권한다. 진행 과정을 돌아보고 배운 바를 복습하는 일이 한결 수월해질 것이다.

02 당신은 뇌 회로를
충분히 바꿀 수 있다

회복탄력성의 핵심은 뇌가 효과적으로 스트레스를 관리하고 위험에 반응하는 방식을 강화하는 데 있다. 지금 당신의 스트레스 대처 습관이 불완전하더라도 걱정할 필요는 없다. 현대 과학의 새로운 연구 분야 가운데, 특히 '뇌의 자기 재조직화 역량에 관한 신경가소성neuroplasticity' 연구를 통해 우리는 뇌가 자신의 기능을 스스로 바꾸는 놀라운 능력을 발견하게 되었다. 이제 우리는 뇌의 학습 능력을 제대로 활용할 도구를 갖추기만 하면 얼마든지 회복탄력성을 키울 수 있다. 그 원리를 탐구하려면 먼저 우리가 스트레스에 노출되었을 때 신경계에서는 어떤 반응이 일어나는지부터 알아야 한다.

투쟁/도망/얼음 반응

인간의 뇌와 몸은 위협과 위험을 만났을 때 복합적이고도 기발하게 반응한다. 이른바 '투쟁fight/도망flight/얼음freeze 반응'이다. 작동 방식을 단순화해서 설명해보겠다. 심한 스트레스 자극이 들어오면 감각계(눈, 귀, 코, 입, 피부)가 뇌의 편도체('공포와 경보 중추'라고도 한다)라는 부위에 신호를 보낸다. 그러면 편도체는 교감신경계를 활성화시킨다. 위험 반응에 초점이 맞춰진 교감신경계의 신경들은 몸 이곳저곳으로 생리적 반응을 촉발시켜 위험이 지나갈 때까지 투쟁하거나 도망치거나 얼음이 되게 만든다.

대부분 '투쟁'이나 '도망'이라는 개념은 익숙해도 '얼음' 반응은 생소할 것이다. 하지만 위협에 대한 뇌의 반응을 말할 때 얼음 반응을 빼놓을 수 없다. 위험에 닥쳤을 때 싸우거나 탈출할 수 없다고 판단하면 뇌는 본능적으로 얼음 반응, 즉 부동 상태를 유지하려고 한다. 탈출할 수 없는 압도적인 사건이 벌어지면 뇌는 감각과 기억을 마비시키거나 둔하게 만든다. 가령, 아동 학대 생존자들은 트라우마에 대한 기억을 억제하거나, 그 기억을 감당할 수 있을 때까지 깊숙이 처박아둔다.

이 투쟁/도망/얼음 반응은 원시 인류에게 매우 유용했다.

짧은 시간 안에 초집중해 경쟁 부족과 싸우거나, 검치호랑이로부터 도망가거나, 털북숭이 매머드를 사냥할 수 있었다. 이 시스템은 원시 인류에게는 요긴했지만, 현대인에게는 득보다 실이 많다.

일단 뇌는 신체적 위협과 심리적 위협을 잘 구별하지 못한다. 게다가 사활이 걸린 문제가 아닌 비교적 사소한 문제에도 투쟁/도망/얼음 반응이 촉발된다. 교감신경계는 사회적 위협(관계의 어려움, 직장 갈등, 가족 내 스트레스 등), 미래에 대한 염려(생계 문제 등), 지나간 일 곱씹기(말실수 등)로도 지나치게 활성화될 수 있다.

머리로는 이 요인들이 사소하다는 것을 잘 안다. 하지만 막상 일이 터지면 본능은 현실과 상상을 잘 구분하지 못한다. 사이가 좋지 않은 직장 상사가 보낸 한 통의 문자메시지, 찻길을 건너는 노약자를 기다리는 동안 뒤에서 울리는 경적 소리, 트라우마가 된 과거의 사건을 연상시키는 어떤 일 등…. 이 모든 것이 교감신경계를 자극해 투쟁/도망/얼음 반응을 촉발시킨다. 시간이 흐르면서 불안은 위험의 원인과는 무관한 상황(예를 들면, 자동차 사고를 겪은 지 얼마 되지 않아 떨어진 물컵에 신경이 날카로워지는 것)이나 생각, 기억과 연계된다. 이렇게 뇌는 자기도 모르는 사이에 스스로 두려움을 만들어낸다.

그다음은 회복탄력성이 등장할 공간이 생긴다. 위협을 감지하면 투쟁/도망/얼음 반응을 일으키고 전두엽이라는 뇌 영역도 활성화된다. 말 그대로 뇌 앞부분에 있는 전두엽은 복합적 사고, 성격 발현, 의사결정, 사회적 행동 조절 등 모든 행동의 감독관 역할을 한다. 또한 전두엽은 단기적 목표보다 장기적 목표에 입각해 행동하게 만든다.

생존 본능은 일차적으로 위험 상황에 반응한다. 그래서 위험 앞에서는 길게 생각하지 않고 곧장 행동에 돌입한다. 건물에 불이 나면 화재 원인을 고민하기보다 무조건 뛰쳐나간다. 먼저 투쟁/도망/얼음 반응이 활성화되고 시간이 얼마 지난 뒤에 전두엽이 개입하는 것이다. 전두엽은 한발 물러나서 상황이 안전한지 위험한지, 애당초 진짜 위협이 존재했는지 판단한다.

회복탄력성이 높을수록 생존 경보망에 무언가 걸렸을 때 신중하게 생각한다. 스트레스에 대한 반응을 돌아보고 교감신경계가 과잉 반응을 일으켰는지 점검하는 것이 중요하다. 우리는 흥분을 가라앉히지 않으면 스트레스 앞에서 합리적으로 행동할 수 없다. 다시 불이 난 건물을 예로 들면, 화재 현장에서 뛰쳐나온 뒤 한달음에 찻길로 달려가서는 안 된다.

투쟁/도망/얼음 반응이 일어나면 코르티솔cortisol이라는 스트레스 호르몬이 분출된다. 코르티솔은 위험에 대처할 때 자원을 끌어온다. 단기적으로 봤을 때는 괜찮다. 가빠진 호흡과 심장 박동이 신속하게 피와 산소를 근육에 공급해 우리가 위협과 싸우거나 도망치게 한다. 그러나 자주 스트레스를 받아 코르티솔이 누적되면 심신의 건강을 망가뜨릴 수 있다. 코르티솔에 오래 노출되면 불안, 우울, 불면증, 무기력, 집중력 저하 등 여러 부작용이 나타나기 때문이다.

요약하자면, 현대사회에서는 실제 위협이 아니더라도 온갖 요인에 따라 뇌의 투쟁/도망/얼음 반응이 나타난다. 장기적으로 보면 이 반응은 우리에게 해를 입힌다. 그렇다면 이제 우리는 어떻게 해야 할까?

말랑말랑한 뇌

답은 의외로 간단하다. 뇌 회로를 재구성하면 된다. 20여 년 전만 해도 학자들은 인간의 뇌가 청년기부터는 크게 변하지 않는다고 믿었다. 하지만 최근의 뇌과학 연구 결과에 따르면 실상은 정반대다. 뇌의 구조와 기능은 '말랑말랑'하고, 일생에 걸쳐 쉬지 않고 변하는데 이러한 능력을 '신경가소성'이라고 부른다. 생각, 행동, 경험의 변화에 적응해 뇌는 계속 변한다. 회복탄력성을 키우는 데 기막힌 희소식이 아닐 수 없다. 신경가소성은 이 책에서 배울 여러 훈련법의 과학적 기반이 된다.

반복된 활동으로 강하게 연결된 특정 신경망은 생각과 행동의 동선이 된다. 반복된 생각과 행동이 그 동선을 심화하는 것이다. 습관을 바꾸기가 어려운 이유가 바로 여기에 있다. 하지만 새로운 것을 학습하고 실행하고 반복하면 또 다른 뇌의 사고 프로세스가 생겨난다.

놀랍게도 우리가 훈련하는 것이 진짜 우리 현실이 될 수 있다. 긍정적 경험이나 강점, 성공을 반복적으로 떠올리고 생각하면, 관련된 신경 연결 회로가 자라나고 뇌는 긍정성에 집중한다. 반면, 원망과 불만이 가득해 계속해서 스스로를 비난하면 부정성을 키우는 셈이 된다.

강력하게 연결된 신경세포(뉴런) 집합은 학습이나 습관 형성의 토대가 된다. 생각, 느낌, 신체 감각이 신경 연결망을 형성하거나 변형한다는 사실이 신경과학 분야에서 발견되었다. 이 연결망은 우리의 경험을 기반으로 지속적으로 '재회로화

rewiring'를 진행한다. 뇌에서 동일한 신경 경로를 따라 반복적으로 활성화가 일어날수록 뉴런의 연결과 조직화는 더 강해진다. 다시 말해, 한 묶음으로 활성화되는 신경세포는 한 묶음으로 회로화된다는 것이다. 이것은 회복탄력성 계발에 결정적으로 중요한 개념이다.

긍정적인 것을 거듭 생각하면 신경 회로가 더 긍정적인 변화를 향해 확장된다는 말이다. 염려, 두려움, 불안과 관련된 신경 회로는 덜 사용할수록 위축된다. 그러므로 현대 신경과학은 잘되는 일에 일부러 집중하는 것이 중요하다고 강조한다. 이를 잘 보여주는 실제 사례가 있다.

존이 기억하는 아버지는 비판적이고 까다로웠다. 아버지는 형에 비해 존이 똑똑하지 않아 학교 공부에 뒤처지고 운동도 못한다고 자주 말했다. 성인이 된 존은 열등감이 가득했다. 사소한 피드백에도 두려움과 불안감에 휩싸여 자신의 언행을 치열하게 검열하곤 했다.

40대에 실연을 겪은 뒤에 존은 인지 행동 치료를 받기 시작했다. 행동과 감정의 문제를 비효율적으로 다루게 하는 사고방식과 이미지, 신념, 태도에 초점을 맞추는 치료다. 존은 자신의 사고 패턴이 아버지의 심술궂고 부정확한 메시지를 강화하고 있음을 알게 되었다. 그 후로는 "난 강점이 많아. 난 똑똑하고 재능 있는 사람이야"라며 인정과 공감의 메시지로 맞서는 훈련을 시작했다. 상당한 시간과 노력이 필요했지만 불안은 차츰 줄어들고 긍정적이고 올바른 자아상을 갖게 되었다.

그렇게 해서 존은 어린 시절에 형성된 부정적인 신경 경로를 대체할 만한 새로운 신경 경로를 만들어냈다. 인생에는 피하기 어려운 시련이 있기 마련이지만, 뇌의 강력한 재생 능력을 활용하면 현실을 새롭게 바꿀 수 있다. 존도 과거는 바꾸지 못했지만 현재는 얼마든지 바꿀 수 있었다.

회복탄력성 계발의 출발점

회복탄력성 계발은 개인적으로 이루어진다. 사람은 각자 다른 방식으로 스트레스에 반응하기 때문이다. 역경에 대처하는 방식은 사람마다 다르다. 그 방식에 하나의 정답이 있는 건 아니다. 모든 경우에 들어맞는 모범적인 반응이 있고, 결과도 같아야 하는 게 아니다. 따라서 나에게 가장 알맞은 방식으로 도전에 맞설 도구를 계발해야 한다.

각자의 상황에 가장 적합한 회복탄력성 공식을 찾아야 한다. 회복탄력성을 계발할 때 자신이 성장한 정도를 어떤 식으로 평가하는가. 우리는 대부분 자신에게 높은 점수를 주지 않는다. 하지만 너그러움과 공감이야말로 회복탄력성의 주춧돌이다. 자신에게 지원군이 되어주어야 한다(이와 관련해서는 7

장에서 살펴볼 것이다). 어떤 여정에 있든 나는 '지금 여기'에 있어야 한다. 심리학자 칼 로저스의 표현을 빌린다면, "나 자신을 있는 그대로 수용하면 그때부터 나는 변한다".

자신에 대한 평가는 회복탄력성을 키우는 데 큰 영향을 미친다. 같은 상황이라도 관점이 달라지면 전혀 다른 결과가 나온다.

로즈는 열여덟 살에 처음으로 우울증 발작을 일으켰다. 십 대 시절 불안에 시달리며 스스로를 엄격하게 몰아붙여 전 과목 A학점을 받는 우등생이었다. 축구 선수로도 맹활약했다. 자신의 모든 능력에 큰 자긍심을 느꼈고, 가고 싶은 대학 교육학과에 입학했을 땐 짜릿함을 맛보기도 했다. 하지만 대학 첫 학기에 자신과 맞는 친구들을 찾지 못해 고립되어갔다. 사회성이 떨어지는 자신을 두고 남들처럼 인기가 없다고 자책했다. 사회생활에서 위축되자 급속도로 침체에 빠져들었다. 절망한 그녀는 학교를 자퇴하고 부모님이 사는 집으로 다시 들어갔다.

앨리사도 열여덟 살에 우울증을 겪었다. 그녀도 우등생이었고 운동과 예술에 소질이 있었다. 원하는 대학에 입학해 설렘과 호기심으로 첫 학기를 맞았다. 하지만 1학년 2학기 무렵부터 학과 수업에 집중하지 못했고, 수면 장애와 대인관계 때문에 힘들었다. 바로 이때 우울증 증세가 나타났지만 이것은 치료하면 괜찮아지는 병이라고 생각해 캠퍼스 상담사를 찾아가 상담을 받았다. 또한 룸메이트나 다른 지인과도 교류했다. 쉽지 않은 시간을 지나 결국 제자리로 돌아올 수 있었다. 1학년이 끝날 즈음 그녀는 정상 궤도로 복귀했다.

두 학생의 차이점을 어떻게 설명할 수 있을까? 두 사람은 비슷한 상황을 다른 관점으로 보았다. 자신의 상황이나 행동을 해석하는 방식이 달랐던 것이다. 대체로 우리는 사건을 실체보다 더 비판적으로 받아들인다. 우울증과 불안 문제가 있는 사람이라면 그런 경향이 더 심하다.

앨리사보다 로즈가 자신에게 더 엄격한 편이었다. 로즈는 우울증이 악화되면서 스스로를 더욱 자책했다. 반면 앨리사는 우울증을 치료받으면 좋아질 병이라 여기며 스스로를 다독였고, 덕분에 우울증 초기에 주변에 도움을 구할 수 있었다.

사실 사람은 회복탄력성이라는 잠재력을 가지고 태어나지만, 살아가는 과정에서 이 잠재력이 여기저기 부딪혀 마모된다. 사회적 조건화conditioning도 마모의 원인이 된다. 성별에 따른 기대치, 인종, 사회적 지위 등 압박과 스트레스를 야기하는 여러 요인이 사회적 조건화를 만든다. 사회적 관습에 순응하든 안 하든 가족, 스트레스, 편견, 빈곤, 트라우마, 폭력 등이 전반적으로 작동해 역경에 반응하는 방식을 결정한다.

하지만 회복탄력성을 습득하는 길은 무수히 많다는 사실이 여러 연구를 통해 밝혀졌다. 쌍둥이를 대상으로 연구한 결과, 한 사람의 회복탄력성에서 유전적 요인이 차지하는 비중은 30퍼센트 정도로 밝혀졌다. 달리 말해, 회복탄력성의 상당 부분은 비유전적 요인에서 비롯된다는 것이다(로즈와 앨리사의 사례가 후자에 해당한다). 가족, 공동체의 지원, 자기성찰, 소속 단체, 상담, 마음챙김, 신앙, 영성 같은 외적 조건이 회복탄력성 형성에 결정적 요소가 될 수 있다.

04 이 책을 어떻게 활용할 것인가?

당신이 이 책을 읽는 이유가 있을 것이다. 스트레스가 너무 심하거나 지금 나의 상황을 객관적으로 보고 싶어서, 평정심과 자신감을 얻거나 소중한 인간관계를 돈독하게 하고 싶어서일 수도 있다. 우울증, 불안장애, 외상후스트레스장애로 괴로워서 이 책을 찾았을지도 모른다.

여러분 각자의 사연은 소중하다. 우리는 누구나 주어진 삶을 걸어간다. 각자가 나름의 방식으로 그 길을 걷는다. 주위 환경이 지금의 당신을 만들었으므로, 우리는 환경을 가볍게 여겨서는 안 된다. 무수한 외부의 영향이 지금의 나를 빚어냈기 때문이다. 그중 어떤 영향은 우리의 통제 안에 있고 어떤 영향은 통제 밖에 있다. 이 책은 우리가 통제할 수 있는 영역에 집중할 것이다. 인생길에는 생각보다 선택 지점이 많다. 선택 가능한 대안을 발견하는 것이 회복탄력성을 강화시키는 핵심 전략이다.

당신이 삶의 어느 지점에 있든지 회복탄력성을 강화하는 일을 돕고 싶다. 어두운 시기를 지나는 사람들에게 필요한 것을 제공하는 일을 필생의 작업으로 삼고 있다. 이 책을 읽을 때 유념할 몇 가지 사항을 살펴보자.

완벽한 인생은 없다. 이 책을 읽을 때 제발 자신에게 관대해지길 바란다. 당신에게 맞는 정보는 무엇이든 흡수하되, 맞지 않는 정보를 억지로 받아들이려 하지 않았으면 좋겠다. 회복탄력성을 높이기 위해 모든 것을 완벽하게 해낼 필요는 없다. 사실 '완벽'이라는 건 애당초 세상에 존재하지 않는다.

왜 회복탄력성을 계발하는지 명심한다. 현재 많은 일에 둘러싸여 있더라도 부디 분주한 시간에서 벗어나 인생을 성찰하고 쉼을 얻는 기회로 삼길 바란다. 시간을 내는 것이 정 어렵다면 회복탄력성 계발을 '인생에 대한 투자'라고 생각해보자. 이 책은 인생을 새롭게 보게 하는 절호의 기회를 제

공한다. 우리는 다음과 같은 질문에 대해 생각할 시간을 갖
게 될 것이다.

- 어떤 사건이 가장 힘겹게 다가왔는가?
- 나는 어디에서 필요한 지원을 얻었는가?
- 어떻게 역경이 지금의 나를 만들었는가?
- 현재 어려움 속에서 나 자신에 관해 배운 점은 무엇인가?

위 질문을 곰곰이 생각해보면 회복탄력성을 높이는 데 무
엇이 필요한지 발견하게 된다. 그러면 잠깐 미뤄놓은 일들
도 나중에 더 효과적으로 수행할 수 있다.

회복탄력성 계발은 일종의 프로세스다. 헬스장에서 근육
을 만드는 것처럼 회복탄력성 계발은 시간이 흐를수록 강화
되는 일종의 프로세스다. 이 책은 회복탄력성 계발에 유용
한 훈련 방법을 다양하게 소개하고 있다. 회복탄력성 훈련
은 답이 정해진 것이 아니다. 이 책에서 다양한 유형의 훈련
을 소개하는 이유는 저마다 맞는 방식이 따로 있음을 잘 알
기 때문이다.

각자의 출발점은 다를 수 있다. 회복탄력성 계발은 비선형적non-linear 경험이다. 나도 성장과 치유뿐 아니라 고통과 시련의 시기를 겪었다. 인생은 계속 좋을 때도 있고 계속 나쁠 때도 있지만, 대부분은 좋은 것과 나쁜 것이 뒤섞여 있다. 이 책을 처음부터 완독해도 좋지만, 마음에 와닿는 페이지부터 시작해도 상관없다. 읽다 보면 조용히 명상하거나 친구와 토론할 만한 생각거리가 보인다. 이것이 각자의 여정을 시작하는 출발점이 되면 좋겠다.

어떤 길을 가든 늘 희망은 있다. 상투적으로 하는 말이 아니다. 회복탄력성이 말라버린 것처럼 느껴질 때라도 여전히 내면에는 생존에 필요한 양분이 들어 있다. 아무리 인생이 암담해도 회복탄력성은 바닥나지 않는다. 내 삶에서, 내가 만난 환자나 내담자의 삶에서 거듭 목격한 진실이다.

- 회복탄력성은 어려움과 역경을 이겨내는 내면의 자원이다. 우리에게는 누구나 끌어다 쓰고 재충전할 수 있는 회복탄력성이 있다.

- 뇌의 경보 시스템은 과잉 반응을 일으켜 우리는 사소한 사건에도 투쟁/도망/얼음 반응을 보인다. 이 반응은 스트레스를 야기하고 불안감과 온갖 신체 증상을 유발한다.

- 뇌는 말랑말랑해서 끊임없이 변화한다.

- 훈련을 통해 부정적 성향을 건강하고 긍정적 성향으로 바꿀 수 있다. 즉, 멘탈의 경로를 바꿀 수 있다.

- 회복탄력성 계발은 사람마다 다른 양상으로 나타나는 개인적인 여정이다.

- 회복탄력성은 대부분 환경적 요인에 기인한다. 가족, 공동체 지원, 자아 성찰, 소속 단체, 상담, 마음챙김, 신앙 등 여러 요소가 회복탄력성의 핵심 요소가 될 수 있다.

- 자기판단을 삼가는 것과 자기 자신을 공감하는 것은 회복탄력성에 결정적인 영향을 미친다.

2장

대인관계
Connections

대인관계는 회복탄력성의 핵심 요소 중 하나다. 타인과의 교류가 없다면 회복탄력성은 말라버리고 우리의 안녕은 심각한 위험에 처한다. 실제로 심리적 외로움은 신체 활동의 부족만큼이나 심혈관계 질환과 뇌졸중에 영향을 미친다. 사람은 태어나서 최초로 가족(부모)과 관계를 맺는다. 처음에 부모의 사랑이 부족했더라도 평생 여러 방식으로 타인과 중요한 인간관계를 맺을 수 있다. 낯선 이와 나눈 작은 교감, 친구나 배우자와의 관계, 자원봉사를 통한 지역사회와의 연결, 무작위로 베푸는 선행 등 다양한 교류를 통해 회복탄력성은 높아진다.

⓪1 대인관계능력을 키우려면

　　　　　인간은 사회적 동물이므로 회복탄력성이나
마음 건강은 대인관계능력과 떼려야 뗄 수 없다. 옛 조상들이
살던 엄혹한 세계에서는 무리를 지어 서로 돕는 것이 생존과
직결된 문제였다. 인간관계를 맺지 않으면 죽음을 초래할 수
도 있었다. 진화론적 관점에서 사회적 결속은 인류 종種 내면
에 강하게 회로화되어 있다. 타인과의 유대는 정서적 건강을
지탱하는 버팀목이다.

　인간관계는 태어나서 생애 전반에 걸쳐 지속적인 영향을
미친다. 미국 듀크대학교 연구진이 약 400명의 영아를 대상
으로 성인기까지 성장 과정을 추적했다. 자료에 따르면, 다정
하고 세심한 어머니가 양육한 아이들은 더 행복하고 덜 불안

하며 적응력이 뛰어난 성인으로 자랐다. 반면, 부모의 사랑이 부족한 아이들은 훗날 회복탄력성과 자존감이 낮고 공격성이 높았다.

만약 운이 나쁘게도 생물학적 가족의 보살핌이 부족했다면 어떻게 해야 할까? 부모나 형제가 엄격하고 애정에 인색하고 심지어 노골적으로 학대까지 했다면? 여기서 인간관계의 중요성을 새삼 느낄 수 있다. 나도 심리 치료사와의 신뢰 관계가 치유와 성장의 토대가 되었다.

순탄치 않은 인생 여정에서 인간관계는 자기조절과 자신감에 필요한 안정감을 제공해 어떤 곤경과 어려움도 이겨내도록 도와준다.

삼형제 중 막내인 로브는 열 살 때 의사가 되기로 결심했다. 아버지는 로브가 태어난 지 얼마 후 가족을 저버렸고, 알코올의존자인 어머니는 직장을 구하지 못해 아등바등했다. 그의 가정은 태풍 앞의 촛불처럼 위태했다. 로브는 똑똑하고 성실한 우등생이었지만 자기에 대한 확신이 없었고 주변에서 인생의 롤 모델도 찾을 수 없었다.

그러다가 초등학교 3학년 때 어느 선생님이 로브의 인생에 찾아왔다. 선생님은 로브의 잠재력에 주목했고 각별한 믿음을 보여주었다. 선생님은 로브에게 난이도를 높여가며 수학과 독서 숙제를 부과해 도전 의식을 심어주었고, 이에 따라 로브의 자신감도 점차 높아졌다. 선생님은 로브를 진심으로 인정했고 인생의 롤 모델이 되어주었다. 로브는 인생을 돌아보면서 선생님과의 관계 덕분에 누군가 나를 사랑한다는 사실을 깨달았고, 이를 발판으로 인생길을 개척할 자신감을 얻었다고 말한다.

우리의 내면을 신뢰와 지지로 채우면 인지적, 심리적, 신체적 유연성이 커지고 내적 자원이 확장된다. 역경과 실패를 성장과 배움의 기회로 여긴다. 긍정적 관계는 장애물 앞에서도 행복과 사랑과 자신감을 바탕으로 회복탄력성을 키운다. 이회복탄력성은 더 많은 긍정적 관계를 불러온다.

반대로 인간관계가 결여된 경우는 참 암담하다. 연구 결과 외로움과 고립은 고혈압, 면역 저하, 심장병, 뇌졸중에 악영향을 미친다는 사실이 밝혀졌다. 의사들은 외로움을 심장병을 유발하는 여섯 가지 요인 중 하나로 꼽는다. 외로움은 흡연만큼이나 위험하다. 인터넷과 디지털 세계에 빠져 사람과의 대면 교류가 감소된 시대에 살면서 우리는 '외로움이라는 전염병'의 팬데믹을 목도하고 있다. 문자메시지와 SNS를 통한 소통이 신속하다는 점은 좋다. 하지만 회복탄력성을 키우려면 얼굴과 얼굴을 마주해야 한다.

식물은 햇빛과 물이 있어야 자라듯 인간은 사랑과 교류가 있어야 자란다. 타인과의 교류는 가슴 설레는 사랑만 가리키지 않는다. 심리학자 바버라 프레드릭슨이 묘사한 '모든 생명체와 교감하는 따뜻한 순간'이 바로 내가 말하는 교류다. 가벼운 상호작용이라도 마음이 공명共鳴하면 온기와 긍정적 감정을 경험한다. 이런 작은 순간들이 모여 회복탄력성을 추동하는 엔진이 된다. 사랑하는 연인을 만날 때 분비되는 옥시토신이 이러한 순간에도 분비된다. '사랑과 포옹의 호르몬'이라고 불리는 옥시토신은 두려움을 누그러뜨리고 신뢰와 평온함을 더한다.

『사랑 2.0』*Love 2.0*에서 저자 프레드릭슨은 친구와 나누는 웃음, 출근길에 스친 행인의 친절한 미소, 카페 바리스타와의 상호작용, 반려견이나 반려묘 쓰다듬기 등 우리가 일상에서 경험하는 사랑과 교류의 장면을 살펴본다. 인간에게 매우 중요한 교류는 이처럼 찰나의 순간조차 엄청난 효과를 발휘한다.

'소소한 교류의 순간들micro-moments of connection'이 신뢰를 쌓고 감정 관리 능력을 키우고 과거를 치유하면서 회복탄력성을 강화한다. 작지만 유의미한 경험에 주목할수록 더 많은 유익을 만들어내고 더 강한 회복탄력성을 얻게 된다.

소소한 교류뿐만 아니라 다양한 모습의 인간관계도 회복탄력성을 키운다. 생물학적 가족과의 유대뿐 아니라 친구와의 우정도 중요하다. 깊은 교류는 친구나 직장 동료, 신앙공동체, 특수 이해 집단, 온라인 게시판 회원들 사이에서도 일어날 수 있다.

꼭 죽마고우여야만 관계의 유익을 제공하는 건 아니다. 최근에 친해진 지인에게서도 오래된 친구만큼이나 정서적 지지를 얻을 수 있다. 대인관계는 양보다 질이 중요하다. 다수의 피상적 관계보다 깊이 있는 한두 명과의 관계가 우리를 더 풍성하게 한다.

친구, 형제, 새로운 지인, 옛 동료 누구든 친밀한 대인관계는 회복탄력성 계발에 도움이 된다. 따라서 인간관계에서 일어날 수 있는 어려움을 잘 관리하고 건강하게 교류하는 것이 중요하다. 다음은 인간관계를 건강하게 유지하는 데 도움이 되는 훈련 방법이다.

인간관계를 건강하게 유지하려면 그만큼 공을 들여야 한다. 관계가 틀어지면 좋은 점보다 나쁜 점에 초점을 맞추기 쉽다. 하지만 훈련을 통해서 갈등을 학습과 성장의 기회로 삼으면 타인을 공감하고 회복탄력성을 키울 수 있다. 가까운 사람과 관계가 삐거덕거릴 때 적용해볼 수 있는 방법을 소개한다.

1. 15분간 조용히 앉아 당신과 가까운 사람과의 갈등 상황을 떠올려보자. 상대방이 한 말이 마음에 걸리는가? 상대방이 한 행동(또는 하지 않은 행동)이 마음에 걸리는가? 상황을 떠올릴 때 당신이 느끼는 감정에 주목하자.

2. 노트에 아래의 질문에 대한 답을 적어본다. 시간을 충분히 갖고 생각나는 만큼 적는다.
   - 이 관계에서 나에게 중요한 것은 무엇인가?
   - 우리가 겪는 어려움이 상대방에겐 어떻게 비칠까?
   - 이 사람에게 내가 감사하게 여기는 점은 무엇인가?
   - 갈등을 극복함으로써 두 사람이 얻게 될 유익은 무엇인가?

3. 기록이 끝나면 아래의 질문에 따라 자신을 돌아본다.
   - 이 훈련을 통해 무엇을 발견했는가?

- 당신의 감정에 어떤 변화가 일어났는가?
- 상대방의 관점에서 보았더니 갈등 해소의 실마리가 보이는가?

성찰의 시간을 가지면 갈등이 생각보다 크지 않고 나에게 정말 중요한 것이 무엇인지 깨닫게 된다. 이 훈련으로 갈등이 해소되지 않더라도 상대방과의 관계에서 어떤 점이 자신에게 중요한지 폭넓은 관점으로 조망할 수 있다. 다음에 또 갈등이 생기면 해소할 방법을 찾기 전에 먼저 시간을 들여 이 훈련을 해보자.

관계에서 발생하는 어려움을 딛고 나아가는 능력은 중요한 삶의 기술이다. 성찰의 시간을 가지면 어떤 난관도 학습의 기회로 삼아 회복탄력성을 키울 수 있다.

02 인간관계는 어떤 유익을 주는가

앞에서 건강한 인간관계가 주는 다양한 유익을 살펴보았다. 사람들과의 교류는 신뢰, 롤 모델, 격려와 위로를 제공함으로써 회복탄력성을 높여준다. 이제 각각의 유익을 좀 더 자세히 살펴보도록 하자.

신뢰

인생이 너무 힘든 나머지 세상과 사람에 대한 신뢰 자체를 잃어버릴 때가 있다. 더 이상 세상이 안전하다거나 누군가를 의지할 수 있다는 사실이 믿겨지지 않는다. 불신에 빠지면 자칫 믿을 만한 것도 놓치고 관계에 대한 신뢰도 상실할 수 있다. 아무리 뒤로 물러나 숨고 싶더라도 관계를 통한 신뢰만큼 회복탄력성으로 가는 지름길은 없다. 고도의 사회적 동물인 인간은 서로 의지하고 인정해줄 누군가가 꼭 필요하다.

힘든 시기에는 인생이 불공평하다고 느껴진다. 인생은 마땅히 어떠해야 한다는 설계도를 내밀기 일쑤인데, 그건 영화나 책이 주입한 허상에 불과하다. 우리는 허상을 기준으로 삶이 뜻대로 안 풀릴 때마다 속았다고 생각한다. 하지만 사람들을 만나다 보면 인생은 누구나 힘겹고 굴곡이 많다는 것을 깨닫는다. 억울함이나 회의감보다는 모두가 한 배에 타고 있다는 것을 깨닫고 안심이 된다.

롤 모델

인생 최초의 롤 모델은 부모다. 아동기에는 가장 많은 시간을 함께하는 부모의 행동을 관찰하고 모방한다. 부모가 애정을 보이면 자녀는 사랑받는 존재임을 깨닫고 자존감을 키워나간다. 부모가 평정심, 관심, 공감의 본을 보이면 자녀는 사람들이 나를 주목하고 내 목소리에 귀 기울인다는 사실을 신뢰한다. 부모가 자녀의 강점에 주목하면 자녀도 자신의 강점을 깨닫는다. 좋은 부모는 자녀의 장점을 비추는 거울이 된다. 자녀는 부모를 통해 회복탄력성을 비롯한 다양한 강점을 계발할 수 있다.

부모가 롤 모델이 되지 못하더라도, 인생 가운데 만나는 다른 사람이 나의 롤모델이 될 수 있다. 당신이 알고 있는 사람 중에 인생의 큰 시련을 극복한 인물을 생각해보자. 가까운 가족이나 친구일 수도 있고 텔레비전이나 책에서 본 인물일 수도 있다. 흥미롭게도 대부분의 의사들은 회복탄력성의 롤 모델로 병마와 싸운 환자를 꼽았다. 그들은 타인의 기대에 부응하려고 애쓰던 삶에서 진짜 자신에게 중요한 것에 집중하는 삶으로 방향을 전환한 사람들이었다.

잠시 멈춰 당신이 존경하는 인물을 떠올려보자. 그의 어떤 점을 존경하는가? 당신도 그 사람을 본받고 싶은가? 존경하는 인물이 가진 덕목을 생각해보면 당신에게 가장 의미 있는 회복탄력성의 요소를 파악할 수 있다.

격려와 위로

난생처음 혼자 그네에 올라간 어린아이가 인정을 받으려고 엄마 아빠를 계속 힐끔거린다. 회사에서 당신이 열심히 과제를 수행할 때 상사는 수고했다는 말을 건넨다. 언어와 비언어를 통해 타인으로부터 받는 격려와 인정, 위안은 우리의 안녕에 버팀목이 된다. 격려하고 인정하는 것은 사랑만큼이나 소중한 교류다. 어린 시절에는 격려와 인정의 순간들이 쌓여 자존감이 형성된다. 어린 시절에 긍정적 교류가 충분하지 않았다면, 성인이 된 지금이라도 이런 교류를 적극 받아들여야 한다.

코치인 나는 지지와 인정을 얻고 판단받지 않는 공간이 얼마나 중요한지 자주 확인한다. 누군가가 창의성과 현명함과 건강함을 믿어준다면 우리는 내면의 자원 계발에 박차를 가할 수 있다. 작은 격려라도 역경에 대처할 힘을 북돋워주고 회복탄력성을 높인다.

회복탄력성 훈련: 소소한 교류의 순간 받아들이기

당신이 나이가 많든 적든, 미혼이든 기혼이든, 내성적이든 외향적이든 시시때때로 외로움을 느끼는 건 지극히 정상이다. 우리는 문자메시지, 이메일, SNS로 외로움을 달래려 하지만, 비인격적 형태의 소통은 실시간 대면 소통과 질적으로 다르다. 짧고 소소하더라도 의미 있는 교류를 활용해보자. 이미 삶 속에는 소소한 교류들이 진행 중일 것이다.

아래에 제시한 훈련은 여러 가지 유익을 준다. 소소한 교류의 순간을 기록해두면 그 유익은 더 커질 것이다.

오늘부터 일주일 동안 아래의 지침에 따라 하루에 세 번씩 소소한 교류에 주목해보자.

1. 상호작용에 집중한다.

낯선 사람이든 가까운 사람이든 모든 만남에 온전히 몰입한다. 교류의 순간에 당신이 경험하는 것에 집중한다. 신체는 어떻게 느끼는지 주목한다.

2. 교감을 추구한다.

일터와 가정에서 타인의 얼굴 표정에 집중하고 눈에 들어온 것을 흡수한다. 당신과 상호작용하는 사람에게 미소를 지으려고 노력한다.

3. 노트를 기록한다.

매일 하루를 마감할 때 노트에 세 가지 교류의 순간을 묘사한다. 각각의 순간에 아래의 문장을 적용해 0점(전혀 그렇지 않다)부터 5점(매우 그렇다)까지 점수를 매겨본다.

나는 상호작용할 때,
- 타인과 '통한다'고 느꼈다. (   )
- 상대방에게 친밀감을 느꼈다. (   )

- 몸에 온기가 감돌았다.( )
- 몸에 긴장이 풀렸다.( )
- 내 문제가 사소하게 여겨졌다.( )

의식적으로 소소한 교류에 주목하면 대인관계의 민감도를 높여 인간관계가 더 깊어지는지 관찰한다. 훈련을 수행하면서 기분이 좋아졌는가? 타인에게 관대해지는 느낌이 들 수도 있다. 어떤 사소한 단상이라도 좋으니 노트에 기록하자.

소소한 교류를 모두 기록할 필요는 없지만 그 순간을 소중히 여기는 습관을 들이도록 노력하자. 소소한 교류는 당신의 정신과 육체와 영혼을 풍요롭게 한다. 이런 순간을 민감하게 흡수할수록 회복탄력성은 충만해지고 어떤 풍랑이 몰아쳐도 견뎌낼 무게중심이 생긴다.

03 ___ 섬김이 행복의 비결이다

경쟁 사회 속에서는 남의 유익보다 나의 이익을 먼저 챙기기 쉽다. 오직 나, 나, 나만을 외치며 나에게만 지나치게 매몰되면 오히려 단절과 외로움이 커진다. 역설적이게도 나에게 몰입할수록 상처받기 쉽고 예민해진다. 회복탄력성의 원천이 고갈되기 때문이다. 달라이 라마의 표현을 빌리면, "나에 관한 생각에 골몰하면 불행이 깊어진다. 타인을 생각하는 것이 행복의 비결이다".

앞서 말했듯이 사람과의 만남이 부족해지면 나만 고통스럽고 남들은 별문제 없이 잘 산다는 생각에 빠진다. 그러나 남을 도우면서 살면 인간은 누구나 고통받는 존재라는 진실 위에 두 발을 딛게 된다.

영화로도 만들어져 큰 인기를 얻었던 『트레버』(뜨인돌, 2008)라는 책(우리나라에서는 2000년에 〈아름다운 세상을 위하여〉라는 제목으로 영화가 개봉되었다—편집자)은 친절과 자비가 어떻게 연못의 파장처럼 일파만파 퍼지는지 잘 보여준다. 앞서 로브에게 선생님이 생명줄과도 같은 지지와 격려를 베풀듯이 남을 돕는 것은 자신이 윗 세대에게서 받은 도움을 미래 세대에게 되갚는 일이다. 남을 도우면 나도 많은 것을 얻는다. 수많은 연구에서 밝혀졌듯이, 이타주의와 자원봉사는 삶의 만족도 상승, 우울증 완화, 혈압 안정, 장수에 도움이 된다.

특히 타인에 대한 섬김은 요즘에 더욱 중요해지고 있다. 세상이 디지털화되고 첨단기술이 만연할수록 얼굴 표정과 목소리, 어조 같은 인간적 요소나 신호가 설 자리를 잃고 있다. 『최고의 나를 만드는 공감 능력』(코리아닷컴, 2019)이라는 책에서 하버드 의대 동료이기도 한 헬렌 라이스 의학박사는 디지털 공간에서는 독설과 괴롭힘이 난무하다고 지적한다. 남을 섬기는 일은 이기주의와 무한 경쟁으로 흐르는 세태에 해독제가 될 수 있다. 남을 섬길 때 우리는 모든 사람이 똑같은 인간임을 배운다. 교류를 통해 우리는 회복탄력성을 높이고 외로움을 떨쳐낼 수 있다.

늘 자녀를 원하던 로레타는 30대 초반에 받은 호지킨 림프종 방사선 치료로 불임 상태가 된 것을 뒤늦게 알았다. 입양도 생각해보았지만 남편은 생물학적 자식이 아닌 아이와 유대감을 갖는 게 상상이 안 된다고 말했다. 결국 로레타는 자신의 삶을 일로 가득 채웠다. 하지만 공허함은 채워지지 않았다.

그러던 어느 날, 친구 소개로 지역 어린이 병원의 신생아 집중 치료실에서 아기를 돌봐줄 자원봉사자를 구한다는 소식을 들었다. 로레타는 주저하지 않고 봉사를 신청했다. 처음 갓난아기를 품에 안자 온몸에 모성애와 온기가 전류처럼 흘렀다. 그 후 매주 봉사를 나가기 시작했다. 아이를 돌보는 경험으로 인생은 충만해졌다. 자신이 작은 아기들의 삶에 보탬이 된다는 것을 깨달았고, 본인도 영혼의 자양분을 얻어 회복탄력성을 재충전할 수 있었다.

우리는 다양한 방식으로 타인을 섬길 수 있다. 로레타처럼 지역 병원이나 자선단체에서 자원봉사를 할 수도 있고, 정식 봉사는 아니지만 이른바 '무작위 선행Random Acts Of Kindness'을 통해서도 이타주의를 실현할 수 있다. '무작위 선행'이란 별다른 이유 없이 누군가의 행복을 돕거나 응원하는 이타적 행위다. 뇌는 경험을 통해 부단히 학습하고 변화하므로 몰두하는 대상이 정신세계에 각인될 수 있다. 그래서 선행을 베풀 때마다 다음 선행이 한층 수월해진다. 당신의 선행을 받는 사람은 또 다른 사람에게 친절을 베풀 가능성이 크다. 누군가의 선행은 나를 옹졸하게 만드는 내면의 박탈감을 없앤다. 친절은 전염성이 강하다.

회복탄력성 훈련: 선행

정기적으로 자원봉사를 하는 것이 일정 맞추기에도 좋고 지속성을 갖는 데도 도움이 된다. '무작위 선행'이라는 방법도 있는데, 큰 노력을 들이지 않아도 된다. 다음 사람을 위해 주차 요금 정산기에 동전을 넣어두거나, 헌혈을 하러 가거나, 직장 동료에게 감사 쪽지를 보내거나, 이웃 노인에게 도움의 손길을 내밀면 된다. 누군가를 도우면 그만큼 회복탄력성의 수위는 올라간다.

이번 주에 다른 사람을 위해 최소 세 가지의 선행을 실천해보자. 미리 계획을 짜도 좋고, 즉흥적으로 실천해도 좋다. 선행의 수혜자가 늘 같은 사람일 필요는 없다. 낯선 사람이든 가까운 사람이든 상관없다. 감춰도 되고 드러내도 된다.

칭찬을 받는 것이 목적이 아니다. 가능할 때마다 다양하게, 자주, 참신한 방법을 시도해보자.

선행을 실천한 뒤에는 노트에 기록을 남기자. 실천 과정에서 어떤 느낌을 받았는지 빠짐없이 메모하자. 감정과 신체에 어떤 변화가 있었는가?

- 인간은 서로 대인관계를 맺고 교류하도록 내면에 회로화되어 있다.

- 외로움은 심장병과 뇌졸중을 일으키는 심각한 위험 요인이다.

- 가슴 설레는 연인 관계만 중요한 교류는 아니다. 친구와의 우정이나 타인과의 소소한 교류도 똑같이 중요하다.

- 사회적 교류는 우리 안에 신뢰를 쌓고, 롤 모델을 제공하고, 위안과 격려를 제공함으로써 회복탄력성을 강화한다.

- 섬김은 받는 사람만큼이나 주는 사람에게도 유익하다.

- '무작위 선행'은 소소한 섬김의 행위다. 오히려 섬기는 사람이 회복탄력성을 키울 수 있다.

3장

유연성
Flexibility

1장에서 살펴보았듯이, 회복탄력성은 휘어지거나 늘어나는 유연성과도 관련 있다. 힘과 유연성은 상호 보완적이다. 운동선수나 요가 수련자는 강하면서도 유연한 몸을 만든다. 회복탄력성에 수반되는 유연성은 역경을 견디고 정상 궤도로 복귀하는 능력 그 이상이다. 회복탄력성이 높을 때 정신적으로나 정서적으로도 유연해진다. 상황과 사물을 새로운 시각으로 바라보고 자신이 처한 상황을 제대로 평가한다. 이러한 유연성을 계발하는 핵심 도구는 '마음챙김(mindfulness)'이다.

유연성을 키우려면

우리는 자신이 처한 상황을 바라볼 때 고정 관념에 사로잡히는 경우가 많다. 상황 자체를 바꾸기는 어렵더라도 상황을 바라보는 방식은 '언제나' 바꿀 수 있다. 동일한 사건을 경험한 두 사람이 전혀 다른 방식으로 사건을 재해석할 수 있다. 한 사람은 "왜 이런 일이 계속 나에게 벌어질까?"라며 불만을 품지만, 다른 한 사람은 불행 속에서 행운을 찾아 긍정적인 도약의 발판으로 삼는다. 기대하던 일이 보기 좋게 빗나가기도 하고, 끔찍하게 전개될 것 같던 일이 좋은 방향으로 반전되기도 한다. 사랑하던 연인의 이별 통보를 받고 실의에 빠져 있다고 가정해보자. 시간이 지나 당신은 온라인 데이트를 시작하고 예전에는 쳐다보지도 않던 누군가의 프로

필 광고에 응답한다. 옛 연인 말고는 연애 상대를 찾을 수 없다는 고정관념에 사로잡혀 있다면, 더 나은 인연을 만나지 못했을 것이다.

사고의 유연성이 어떻게 큰 차이를 만들어내는지 보여주는 일화가 있다.

톰은 추수감사절 직전 금요일에 퇴근하면서 해고 통보를 받았다. 절망에 빠졌다. 주말 내내 돈 걱정에 사로잡혔다. '왜 이런 일이 나에게 일어나지? 나 같은 실패자가 또 있을까? 사람들은 나를 실패자라고 생각할 거야. 추수감사절 직전에 해고라니! 세상에 나처럼 운 나쁜 사람이 또 있을까!' 톰은 한 주 내내 잠을 설쳤고, 아내와 자녀들에게 짜증을 부렸다. 추수감사절을 맞아 멀리 사는 친척들이 방문했을 때 정신이 산만하고 부정적인 생각에 매몰되어 그들과 잘 어울리지 못했다. 몇 주 전부터 기대하던 명절은 아무런 즐거움과 따스함도 없이 그렇게 지나가버렸다.

톰의 일화는 우리가 인생의 역경에 반응하는 방식을 생생하게 보여준다. 이 사연은 이른바 '고통의 1차 화살, 2차 화살'

이라는 개념을 설명하기 위한 예시다.

'1차 화살'은 사건 그 자체다. 우리는 이 화살을 통제할 수 없다. 톰의 이야기에서 1차 화살은 누구라도 피하고 싶은 실직이다. 이런 경험에는 두려움, 염려, 불안이 따라온다. 인생은 실직, 질병, 사고처럼 힘겨운 사건들로 가득하다. 여기서 필연적으로 고통스러운 감정이 나온다.

'2차 화살'은 이미 벌어진 일에 우리가 만든 스토리를 더한 것이다. 스토리에는 자괴감과 불운과 억울함이 담길 수 있다. 2차 화살은 기본적인 사실관계에 더해 과거와 미래를 부정적으로 해석하거나 유추한다. 이 때문에 두려움, 분노, 불안, 근심, 초조, 심지어 우울증에 사로잡힌다.

이 반응은 이미 뿌리내린 사고 패턴, 다시 말해 우리가 닳도록 오갔던 신경 경로에 기반한다. 톰의 경우처럼 2차 화살은 자신을 혹독하게 비난하는 목소리로 다가오기도 한다. 톰에게 실직 그 자체도 충분히 나쁜 일이지만, 가혹한 자기판단이라는 2차 화살이 이 경험을 더욱 악화시킨다. 그래서 가족과 명절을 제대로 즐기지 못한 것이다.

고통의 화살 개념을 이해하면 회복탄력성을 강화하는 유연성을 키울 수 있다. 현재 당신이 맞닥뜨린 어려움을 생각해보

자. 당신을 주저앉게 만든 사건은 무엇인가? 그것은 인간관계의 어려움, 건강 문제, 업무를 완수하지 못해 겪는 갈등일 수도 있다. 이러한 객관적 사실이 1차 화살이다.

2차 화살은 당신의 생각이 이 사실관계를 끌고 가는 방향성이다. 관계가 틀어진 경우, 당신의 생각은 '날 이렇게 푸대접하다니 억울해.' '왜 이런 일이 나에게 일어나는 거지?'로 비약한다. 건강 문제가 생기면 질병 때문에 직장 일이나 육아가 불가능하지 않을까 두려움이 밀려온다. 업무를 완수하지 못하면 남들이 내 노고를 인정하지 않을까 하는 불안감이 들거나 기대하던 연봉 인상에 악영향을 미칠지 모른다는 우려가 생긴다.

2차 화살을 보면 어떻게 선입견을 근거로 근심과 불안을 만들어내는지 알 수 있다. 다른 가능한 해석을 생각해보자. 인간관계의 갈등이 그저 사람과의 교류에서 나타나는 일부분이라고 생각하면 어떨까? 건강 문제가 생각보다 덜 심각해 일상생활에 지장을 받지 않는다면 어떤가? 사람들이 당신의 노고를 어떻게 평가할지, 상사가 그 프로젝트에 얼마나 큰 비중을 두는지 사실 당신은 잘 알지 못한다. 앞으로 일어날 일은 누구도 완전히 알 수 없다. 여기서 핵심은 우리가 너무 성급하게 결론을 내린다는 것이다. 바로 그 결론이 우리를 괴롭힌다.

당신의 머릿속에 떠오르는 고통의 2차 화살은 무엇인가? 당신의 생각이 이미 벌어진 사건보다 더 고통스러운 길로 끌고 갈 수 있다. 잘못된 지레짐작에서 벗어나려면 어떻게 해야 할까? 물론 당신의 우려가 틀리지 않을 수도 있지만, 대부분은 걱정했던 것과는 다른 방향으로 상황이 전개된다. 다른 사람의 도움을 받아 업무를 완수할 수도 있고, 예전에 유사한 프로젝트를 성공해낸 기억을 떠올려 자신감을 재충전할 수도 있다. 당신의 기분을 상하게 한 사람이 일부러 그런 것이 아니라 유독 그날따라 기분이 안 좋았을지도 모른다. 2차 화살을 그만 만들면 괜한 스트레스를 대폭 줄일 수 있다.

살면서 우리가 걱정하는 일 가운데 대부분은 실제로 일어나지 않는다. 톰을 탓하려고 2차 화살의 사례로 언급한 건 아니다. 우리도 누구나 톰처럼 될 수 있다. 하지만 회복탄력성이 높으면 '쓸데없는' 정신적, 감정적, 신체적 곤란을 피할 수 있다. 2차 화살이 미치는 영향은 대부분 유용하지 않다. 그렇다면 어떻게 해야 2차 화살을 유연하게 피하고 좀 더 긍정적인 방식으로 어려움을 이길 수 있을까?

마음챙김의 힘

회복탄력성 계발에 중요한 도구들을 사용하려면 먼저 '마음챙김' 훈련이 필요하다. 가장 단순한 형태의 마음챙김은 현재의 순간에 몰입하는 것이다. 그러면 내가 만들어낸 허구적인 서사narrative와 내가 직접 경험한 실재를 구별할 수 있다. 스스로에게 말하는 죄책감, 수치심, 원망의 이야기가 실제로는 허상임을 알게 된다. 마음챙김을 수행하면 과거를 곱씹거나 허무맹랑한 소설을 쓰는 일을 멈출 수 있다. 무엇보다 생각만큼 나쁘지 않은 현재의 순간으로 돌아올 수 있다.

마음챙김을 연마할 수 있는 방식은 다양하지만 가장 효과적인 방법은 '명상'이다. 조용히 앉아서 자신의 생각에 주의를 기울이면 그 속에서 무슨 일이 일어나는지 많은 것을 알게 된다. 연구 결과, 매일 인간의 뇌는 무려 2만 개에 달하는 생각을 생산해낸다고 한다. 명상을 통해 자신의 생각에 집중하면 몇 가지 사실을 깨닫는다. 첫째, 우리의 생각은 반복된다. 시키지 않아도 제자리를 계속 맴돈다. 둘째, 대부분의 생각이 부정적이다. 저건 싫어, 난 너무 뚱뚱해, 오늘 하루도 끔찍할 거야. 마치 주변의 상황과 사람을 끊임없이 생중계하는 해설자가 머릿속에 들어앉아 있는 것만 같다. 끊임없이 파도치는 생각의 밀물과 썰물은 진짜 눈앞에서 펼쳐지는 현실을 보지 못하게 한다.

하지만 마음챙김을 훈련하면 머릿속 생각은 하늘의 구름처럼 스쳐 지나간다는 것을 깨닫는다. 머릿속에서 생각이 일어났다가 시야 밖으로 사라진다. 어떤 생각은 가볍고 약하지만 어떤 생각은 강하게 휘몰아치는 태풍과도 같다. 문제는 생각에 지나치게 매몰되는 바람에 현실을 그대로 보지 못하고 생각이 경험을 규정하도록 내버려둔다는 것이다. 실제로 일이 진행되는 것을 보면 머릿속 해설자가 틀릴 때가 많다. 이 말이 진짜인지 직접 경험해보길 바란다.

회복탄력성 훈련: 열린 하늘 명상

자신의 생각을 되돌아볼 수 있도록 비교적 쉬운 방식의 마음챙김 명상을 소개한다. 부정적 생각으로부터 거리를 두고 그 생각이 그냥 지나가게 내버려두는 법을 터득하면 회복탄력성은 더욱 강해질 것이다.

1. 조용한 공간에서 눈을 감고 편안한 자세로 앉는다. 당신

의 호흡에 주목한다. 호흡을 통제하지 말고 자연스럽게 숨을 쉰다. 오르락내리락 하는 가슴과 숨을 들이쉬고 내쉬는 코에 주목한다. 가슴과 코의 움직임에 얼마나 주목할 수 있는지 살피며 그 느낌에 집중한다. 신체의 감각에 오롯이 집중하며 한 차례의 숨쉬기를 처음부터 끝까지 따라가도록 한다.

2. 이제 당신의 정신이 시작과 끝이 없는 드넓은 하늘과 같다고 상상한다. 하늘은 웅장하고 쾌청하다. 어떤 생각이나 감정이 떠오르면 주목한다. 그것이 푸른 하늘을 유유히 지나가는 한 점 구름이라고 상상한다. 생각이 떠올랐다가 옆으로 흘러 시야 밖으로 사라지는 광경을 지켜본다. 생각은 구름처럼 유유히 정신을 통과한다. 넓은 하늘은 작은 구름 한 점 때문에 흐트러지지 않는다. 하늘은 여전히 탁 트이고 담담하며 광활하다.

3. 당신의 생각을 하늘의 구름처럼 계속 관찰한다. 구름이 하늘의 일부분인 것처럼 생각도 당신의 일부분이다. 어떤 생각이 들더라도 그 생각을 만들어낸 당신의 정신이 잘못된 게 아니다. 생각을 강제하거나 통제하지 말고 유유히 지나가게 하자. 그저 관찰만 하는 것이다.

4. 어떤 생각이 당신의 관심을 온통 지배한다면 다시 숨쉬

기로 관심을 되돌리려고 노력하자. 생각보다 수월하게 이루어질 수도 있다. 태풍과 같은 생각들도 있지만 그래도 괜찮다. 힘겹고 괴로운 생각에 휩쓸리지 않고 그냥 지나가게 할 수 있는지 지켜본다. 이 일을 잘 해냈다면 스스로를 칭찬해주자. 명상의 본질은 '주목'이다.

이 명상을 최소한 10분간 지속한 다음 살며시 눈을 뜬다. 처음에는 매주 몇 번이라도 수행하다가 나중에는 매일 하면 좋다. 꼭 10분을 채우지 않아도 된다. 단 몇 분간의 명상이라도 도움이 된다.

02 세상의 모든 것은 변한다

자연의 근본 원리다. 세상에 영원한 것은 없다. 우리는 이 진리를 매순간 경험한다. 날씨든 몸이든 생각이든 모든 것은 변화를 피할 수 없다. 우리가 겪는 어려움 중 대부분은 이 현실을 받아들이지 못하는 데서 비롯된다. 우리는 지금의 상태가 계속될 것이라고 믿는다. 열심히 노력하면 상황이 변하지 않게 막을 수 있다고 생각한다. 머릿속에 고정된 불변의 계획을 가지고 현실이 예상과 다른 방향으로 흘러갈 때마다 낙담한다.

'회복탄력성이 높다'는 말은 변화하는 현실에 따라 휘어지고 적응할 태세를 갖춘다는 것이다. 그래서 쓸데없는 고통과 어려움을 피한다. 안타깝게도 우리의 문화는 여러모로 변화와 고난을 피할 수 있다는 신념을 부추긴다. 어떻게든 질병을 피하고 뷰티 제품으로 노화를 막을 수 있다고 말한다. 하지만 모든 인간은 변화 앞에 무력하다. 이는 모두에게 해당되는 보편적 진실이다.

변화 앞에서 회복탄력성을 찾기 위해 다른 관점도 고려해 볼 수 있다. 불교는 회복탄력성 계발에 대안적인 관점을 제시한다. 불교에서는 '존재의 세 가지 징표', 즉 삶의 현실에서 도망칠 수 없는 세 가지 징표가 있다고 설명한다.

존재의 첫 번째 징표는 나쁜 일은 늘 일어나기 마련이라는 것이다. 이는 피할 수 없는 현실이다. 누구도 역경을 겪지 않고 인생을 통과하는 사람은 없다. 다만 사람마다 역경과 불운의 정도가 다를 뿐이다. 아무도 이 첫 번째 징표를 벗어날 수 없다. 당신은 일이 틀어지면 용납하지 못하거나 자신을 남과 비교하는가? 첫 번째 징표를 인정하면 괜한 고통에서 벗어나 오히려 모든 공격과 동행할 수 있는 유연성이 생긴다.

존재의 두 번째 징표는 모든 것은 변한다는 것이다. 영원한 것은 절대 없다. 몸, 인간관계, 환경 모두 변한다. 생각과 감정도 변한다. 그러나 우리는 이 진리를 순순히 받아들이지 않는다! 호들갑부터 떤다. 마음에 드는 것이 그대로 남아 있길 바라고 마음에 들지 않는 것은 가능한 한 빨리 바뀌길 바란다. 하지만 덧없이 좋은 일에 매달리는 것, 나쁜 일에 쓸데없이 분통을 터트리는 것은 괜한 헛고생이다.

좀 이상하게 들릴 수도 있지만, **존재의 세 번째 징표**는 자아self가 없다는 것, 즉 '무아無我'이다. 이 말의 심오한 뜻을 더 알고 싶다면 불교의 가르침을 탐구해보길 바란다. 지금은 단순하게 세 번째 징표는 지나치게 커진 에고ego와 관련 있다는 것만 이야기하겠다. 쉽게 말해, 우리의 정신은 자기중심적이다. 타인의 말과 행동을 자신과 연관시킨다. 세 번째 징표의 핵심은 우리가 진짜 주인공인 경우가 드물다는 것이다.

나의 사례를 들어 좀 더 이야기해보겠다. 나는 학대가 심한 가정에서 성장했다. 반복적인 구타는 나에게 깊은 수치심을 남겼다. 어린아이들이 흔히 생각하듯 나도 내가 잘못해서 아버지에게 학대를 받는 것 같았다. 오랜 세월 치유의 과정을 거치고 회복탄력성을 계발해 더 이상 수치심을 느껴야 할 이유가 없음을 알게 되었다. 나 자신이 원인이 아니었다. 나는 상처가 깊은 어느 개인의 표적이 되었을 뿐, 순진무구하고 무력한 아이에 불과했다.

이 이야기는 나 자신이 다른 누군가의 행동의 원인이라고 믿을 때 부정적 영향이 얼마나 오래가는지 잘 보여준다. 세 번째 징표와 관련해 조금 덜 극단적인 예를 살펴보자.

직장 동료가 당신과 함께 진행하는 프로젝트의 진척 상황을 문자로 물었다고 상상해보자. 평소 이 동료와 갈등이 있었기 때문에 당신은 이 문자를 왜 이리 꾸물대냐는 비난의 메시지로 받아들인다. 공격당하는 느낌을 받은 당신은 투쟁/도망/얼음 본능이 일어나 자기도 모르게 불안과 두려움, 분노에 사로잡힌다. 그리고 공격적인 답장을 보내 불협화음의 도화선에 기름을 붓는다. 얼마 지나지 않아 두 사람은 분노에 찬 문자를 서로 주고받는다. 그 결과 프로젝트는 더 지연되고 악감정은 최고조에 달한다.

그런데 당신의 동료가 다른 이유 없이 그저 진행 상황만 물어본 것이라면 어떨까? 문자를 보낸 이유가 당신 개인이 아닌 프로젝트 완수에 대한 걱정이라면 어떨까? 실제로 이런 오해로 상처받고 무시당하고 투명인간 취급을 받는다고 느꼈던 때는 없는가? 이 사건이 당신 개인을 겨냥한 것이 아니라고 받아들였다면 상황은 어떻게 달라졌을까?

존재의 세 가지 징표를 깊이 생각해보자. 그동안 이 세 가지 진실을 외면한 결과 나 자신이 얼마나 고생했는지 보이기 시

작할 것이다. 누구나 마찬가지다. 우리는 스토리텔링의 '장인'
이다. 이야기를 얼마나 장황하게 잘 지어내는지…. 하지만 그
스토리가 현실을 왜곡한다. 이제 존재의 세 가지 징표를 떠올
리는 것이 회복탄력성에 어떤 도움을 주는지 간략히 정리해
보겠다.

나쁜 일은 늘 일어나기 마련이다. 힘든 일은 일어나서는 안
된다고 생각하고 있다면 생각을 바꾸자. 고통은 삶의 일부분
일 뿐 계획이 어긋난 게 아님을 명심하자.

모든 것은 변한다. 내가 지금 힘든 처지에 있더라도 상황이
늘 똑같지는 않다는 것을 기억하자.

내가 주인공이 아니다. 십 대 자녀가 최신 컴퓨터게임을 사
주지 않는다고 지상 최악의 부모라고 말할 때 난 상처받지 않
는다. 십 대들은 원래 그런 식으로 막말을 할 때가 가끔씩 있다.

자신의 생각을 돌아보고 고통에 관한 새로운 관점을 탐구하며 회복탄력성을 계발할 때, 스스로를 엄격하게 판단하려는 유혹을 받을 수 있다. "나는 고통당하지 않을 것이라는 생각을 왜 했지?" "내가 어떤 일을 개인적인 공격으로 받아들이며 잘못 대처하지는 않았나?" "내 탓이었을까, 아니면 내 잘못은 전혀 없었을까?" 자신과 타인을 판단의 관점으로 바라보는 것은 어쩔 수 없는 인간적인 성향이다. 자신과 타인을 판단이 아닌 공감의 관점으로 바라볼 수 있는 훈련법을 소개한다.

1. 지그시 눈을 감고 편안한 자세로 앉는다. 천천히 세 번 심호흡한다. 숨을 내쉴 때마다 몸에서 긴장한 부위에 힘을 뺀다. 관심을 내면으로 돌려 하루의 분주함과 근심을 잠시 잊어도 된다고 스스로에게 허락한다.

2. 가깝다고 느끼는 사람이나 반려동물을 떠올려본다. 그들이 당신 앞에 있다고 상상한다. 그들의 눈과 미소에 담긴 사랑을 흡수한다. 마음속으로 아래의 글귀를 암송한다(암송이 끝나기 전까지는 낭독해도 된다).

   내가 행복하길 바랍니다.

나의 몸과 마음이 건강하길 바랍니다.

내가 모든 위험에서 안전하길 바랍니다.

내가 평안한 삶을 살길 바랍니다.

3. 당신이 긍정적 감정이나 부정적 감정을 품지 않고 적당히 가볍게 지내는 지인을 떠올린다. 자신과 이 사람에게 똑같이 회복탄력성과 안녕을 기원한다. 마음속에 아래의 글귀를 암송한다.

나와 마찬가지로,

당신도 행복하길 바랍니다.

당신도 몸과 마음이 건강하길 바랍니다.

당신도 모든 위험에서 안전하길 바랍니다.

당신도 평안한 삶을 살길 바랍니다.

4. 이제 당신이 힘들어하는 사람을 떠올려본다. 직장 동료, 이웃, 가족, 친구 누구라도 괜찮다. 그리고 마음속에서 아래의 글귀를 암송한다.

나와 마찬가지로,

당신도 행복하길 바랍니다.

당신도 몸과 마음이 건강하길 바랍니다.

당신도 모든 위험에서 안전하길 바랍니다.

당신도 평안한 삶을 살길 바랍니다.

5. 이 따뜻한 소원을 당신 자신에게도 보내는 모습을 상상
해본다.

　　내가 행복하길 바랍니다.
　　나의 몸과 마음이 건강하길 바랍니다.
　　내가 모든 위험에서 안전하길 바랍니다.
　　내가 평안한 삶을 살길 바랍니다.

마찬가지로 당신의 공동체나 세상 모든 사람에게 이 소
원을 보내는 모습을 상상해도 좋다.

6. 세 번 더 심호흡한다. 준비가 되면 눈을 뜬다. 잠깐 자신
을 돌아보며 명상한 뒤 정신과 마음 상태에 주목하자. 당
장은 공감의 수준이 인위적인 것처럼 보이더라도 시간이
지날수록 이 훈련이 자신과 타인을 향해 더 큰 배려심을
키우는 데 유익할 것이다.

관점을 바꾸면 사고가 유연해진다

2장 서두에서 말했듯이 회복탄력성이 갖는 유연성은 새로운 관점에서 사물을 바라보는 개방성과도 같다. 이 세상에서 변하지 않는 단 한 가지 진리는 모든 것은 변한다는 것이다. 이 진리를 받아들이면 여러모로 유익하다.

일단 근심, 짜증, 좌절, 분노, 원망이 눈에 띄게 줄어든다. 사소한 변화가 아니다! 삶을 있는 그대로 바라보면 모든 것을 유연하게 받아들이게 된다. 인생은 바다의 파도와 같다. 파도에 맞서 싸우거나 파도를 무시하면 익사할 가능성이 크지만, 파도 타는 법을 배우면 민첩하게 움직일 수 있다. 모든 것이 변한다고 인정하면 허무함을 느낄 수도 있지만, 이것이 우리의 견고한 발판이 되어줄 것이다. 근본적인 진실이 아닌 다른 무언가를 의지한다면 삶은 실망의 연속일 수밖에 없다.

변화를 현실로 인정하는 사람은 고정관념에서 벗어나 '성장마인드'를 갖출 수 있다. 고정관념을 가지면 자신의 능력은 이미 결정되어 있다고 믿는다. 다시 말해, 탁월한 능력은 타고난다고 믿는 것이다. 물론 천부적인 재능을 가진 사람도 있다. 하지만 미리 자신의 능력을 재단하면 최선을 다하지도 않고 한계선을 그어버리게 된다. 변화를 현실로 인정할 때 관점은 더 유연해지고 폭넓어진다. 그러면 자연스럽게 다양한 대안을 생각하고 자신의 재능을 키우고 새로운 기술을 습득한다. 어느새 무력감에서 벗어나 소망과 긍정적인 생각을 품게된다.

또 변화를 인정하면 과거의 잘못에 매몰되지 않고 긍정적인 성취에 몰두하게 된다. 일이 잘못 풀리면 내 탓이라고 생각하기 쉽다. 물론 실수를 통해 배우는 일은 중요하다. 하지만 실수 때문에 너무 경직되면 자신의 강점과 성취를 간과할 수도 있다. 회복탄력성을 습득하려면 내면의 비판자를 친구로 바꾸고 자신을 너그럽게 대해야 한다(이와 관련된 내용은 7장에서 다룬다). 관점을 바꾸면 그동안 자신의 강점을 발휘해 역경을 극복한 사실을 깨닫는다. 강점을 인정하면 다시 그 강점을 활용해 장애물을 통과할 수 있다.

관점을 바꾼 덕분에 비상시 수월하게 초동 대응을 했던 사례가 있다. 비상사태에 대한 최초의 반응은 두려움과 걱정일 수 있지만(충분히 이해되는 반응이다), 나중에라도 관점을 바꾸면 큰 변화를 가져온다.

로베르토는 많은 걱정과 불안에 휩싸였다. 십 대 자녀 둘을 키우는 편부인 로베르토는 최근 스트레스를 줄여보려고 이직했다. 하지만 새 직장에서 예상치 못한 과중한 업무가 떨어졌다. 목요일 밤 노모의 집에 불이 났다는 전화를 받았을 때 받은 충격과 공포는 이루 말할 수 없었다(충분히 이해되는 반응이다). 두 아들과 함께 화재 현장으로 갔을 때 어머니는 10년은 더 늙어 보이는 얼굴로 망연자실해 있었다.

로베르토는 어머니를 집으로 모셔와 놀란 가슴을 진정시켰다. 아들 집에서 지내면서 마음이 차츰 안정된 어머니는 아무도 다친 사람이 없다는 사실에 감사했다. 가족들은 그때 어머니가 얼마나 얼빠진 표정이었는지 농담도 하며 함께 웃고 서로 포옹도 했다. 로베르토의 어머니는 평소 독립적인 생활을 추구하는 사람이었지만, 이번 일을 계기로 아들,

손주와 함께 사는 것이 필요하다고 생각했다. 함께 웃고 의지할 수 있는 가족의 힘을 절감했기 때문이다. 새로운 변화에 유연하게 대처하며 어머니는 아들과 함께 살기로 마음먹었다. 함께하는 시간이 많아지면서 손주들은 할머니와 더욱 친해졌고, 로베르토는 어머니가 살림을 거들어준 덕분에 불안감이 줄고 새 직장에도 무난히 적응할 수 있었다.

로베르토의 이야기는 관점을 바꿔 역경을 또 하나의 변화로 보는 것이 얼마나 도움이 되는지 잘 보여준다.

유연성이 높아지면 나 혼자만 험한 인생길을 걷는 것이 아니라는 사실을 깨닫는다. 남들은 모두 나처럼 문제를 겪지 않는 것 같고, 나 홀로 인생의 제비뽑기에서 운이 없는 것 같다. 하지만 존재의 첫 번째 징표를 통해 모든 사람이 고난을 겪는다는 사실을 알 수 있다. 로베르토의 이야기는 예기치 못한 어려움이 어떻게 행운의 문을 열어주는지, 소중한 사람들과 보내는 시간이 얼마나 인생의 짐을 가볍게 해주는지 보여준다. 인생을 있는 그대로 수용하고, 자신과 타인을 용서하고, 과거의 일을 흘려보내고, 새로운 변화에 마음을 열 때 우리의 회복탄력성은 자라난다.

이처럼 삶을 직면하고 나의 관점을 바꾸려면 큰 용기가 필요하다. 사실 모든 사람은 내면 깊숙한 곳에 이러한 용기도 함께 가지고 있다.

회복탄력성 훈련: 유연성 도구함

우리는 너무도 자주 지나간 일을 후회한다. 그렇게 행동하지 말 걸, 그때 더 잘할 걸. 스스로를 꾸짖는 데는 익숙하지만 칭찬하는 데는 인색하다. 이번에는 당신이 잘한 일을 돌아보는 훈련을 할 것이다. 특히 힘든 일을 겪을 때 당신이 취한 행동을 좀 더 유연한 시각으로 바라볼 수 있다.

1. 아무런 방해도 받지 않는 조용하고 편안한 공간에 자리 잡는다. 이번 훈련은 글쓰기이므로 노트와 필기도구를 준비한다.

2. 과거에 경험한 큰 어려움을 떠올려보자. 질병, 관계 상실, 실직, 사고, 가족 문제 등 어떤 것도 괜찮다. 그 경험에 관해 아래의 질문에 답해보자.
   - 이 어려움을 극복하기 위해 어떤 자원을 활용했는가?

- 누구에게 도움과 지원을 요청했는가?
- 아래의 강점들 중 어떤 것을 활용했는가?

    학습 욕구
    끈기
    결단력
    문제 해결 능력
    창의성
    유머 감각
    리더십
    친화력
    공감
    용기
    기타 등등

이 경험을 돌아보며 아래의 질문에 답해보자.
- 당신은 무엇에 감사하는가?
- 무슨 일에 대해 자신을 용서할 수 있는가?
- 당신이 얻은 가장 큰 교훈은 무엇인가?

3. 당신이 열거한 강점을 토대로 색다른 관점에서 과거의
   경험에 관한 글을 한 문단 정도 써본다. 당신의 강점이 결
   과에 어떤 영향을 미쳤는지, 역경을 극복하는 데 어떤 도

움이 되었는지, 덕분에 상황은 어떻게 잘 마무리되었는
지 설명한다.

이제 당신이 역경을 극복했을 때 발휘한 강점들을 현재 겪
고 있는 어려운 상황에 어떻게 적용할 수 있을까?

새로운 관점으로 어려운 상황을 스토리텔링하면 이미 가
지고 있는 강점과 자원을 재발견하고 회복탄력성을 높일
수 있다. 그 결과 상황을 있는 그대로 보고, 더 큰 자신감과
안정성을 얻는다. 앞으로 어떤 일이 일어나도 대응할 수 있
는 견고한 발판을 마련할 수 있다.

- 고통은 두 가지 형태의 화살로 다가온다. 고통의 1차 화살은 통제할 수 없지만, 2차 화살은 최대한 통제할 수 있다.

- '마음챙김'은 우리의 생각을 스쳐 지나가게 하는 것이다. 우리의 마음이 지어낸 이야기가 늘 진실인 것은 아니다.

- 명상을 하면 자신의 생각에 매몰되지 않고 적당히 거리를 두는 능력을 키울 수 있다.

- 존재의 세 가지 징표는 고통이 삶의 자연스런 일부이고, 세상에 영원한 것은 없으며, 내가 모든 것의 주인공이 아님을 일깨워준다.

- 실제로 대부분의 고통은 모든 일을 내 탓으로 돌리는 데서 비롯된다.

- 유연성을 키우면 관점을 바꿀 수 있고 회복탄력성이 높아진다.

- 남들은 나처럼 문제를 겪지 않는 듯이 보이지만 사실 사람은 누구나 역경과 고통을 겪는다.

4장

끈기
Perseverance

인생에서 마주하는 도전은 100미터 달리기보다 장거리 마라톤에 가깝다. 회복탄력성이 높다는 것은 한 번에 도전을 돌파하는 것이 아니라 난제를 풀기 위해 부단히 노력하는 것이다. 회복탄력성은 온갖 장벽을 통과할 때 끈기와 인내를 부여한다. 이번 수업에서 살펴볼 '끈기'를 얻으려면 목적의식을 갖고, 현실적인 계획을 세우며, 작은 단계부터 차근차근 밟아가는 전략이 필요하다. 물론 자기 자신을 사랑하는 것은 필수다.

01 끈기를 키우려면

끈기는 다른 말로 '행동으로 표출된 믿음'이다. 끈기는 역경을 이겨낼 내면의 자원이 있다는 자신감을 뜻한다. 모든 사람이 선천적으로 가지고 있는 삶의 기본기이면서 회복탄력성을 높일 수 있는 능력이기도 하다.

우리는 천부적 재능을 성공의 원인으로 볼 때가 많다. 하지만 스탠포드대학교의 앤절라 더크워스 박사는 '그릿grit, 근성'이라는 개념을 성공의 으뜸 요인으로 꼽는다. 그릿은 장기적 목표를 달성하기 위해 필요한 열정과 끈기를 갖춘 상태를 말한다. 열정을 쏟는 대상을 향해 끈기 있게 나아가는 능력이다. 재능도 중요하지만 노력이 더 중요하다는 말이다.

우리가 어떤 재능을 갖고 있든지 의식적으로 스스로를 어딘가에 투입하지 않으면 그 재능은 쓸모없어진다. 하지만 끈기가 자신의 열정이나 용기, 체력과 결합되면 장기 목표를 달성할 수 있다. 더크워스를 비롯한 학자들은 다양한 연구를 통해 재능보다 지속적인 노력이 성공의 요인이 될 가능성이 높다고 보았다.

일란성쌍둥이까지는 아니어도 가까운 사촌지간 정도 되는 '그릿'과 '끈기'는 둘 다 의지기제agency와 관련 있다. 의지기제란 결과에 영향을 미치는 방향으로 우리가 무언가 '할 수 있다'는 느낌을 가지는 것이다. 의지기제야말로 어떤 도전에 직면하든 전진할 추진력을 제공한다. 실제로 우리는 목표를 달성할 수 있다고 믿어야 도전한다. 그릿은 3장에서 말한 '마음챙김'과 '성장마인드'라는 두 개념과도 가깝다. 마음챙김을 통해 세상이 가변적이고 어떤 난관도 영원하지 않음을 깨닫고 나에게 이겨낼 능력이 있다는 마인드가 있을 때 모든 난관을 헤쳐 나갈 수 있다. 즉, 유연성을 키우려고 노력하면 끈기도 강해진다는 말이다.

성공한 사람들은 대부분 중도 하차의 유혹을 물리친 사람들이다. 유명한 아동 문학 작가 닥터 수스는 처녀작이 출간되기 전까지 원고를 무려 27번이나 거절당했다고 한다. 발명가

토머스 에디슨은 전구를 발명하기 전 2,000번 넘게 실험을 실패했다. 오프라 윈프리, 제리 사인펠트, J. K. 롤링 등 큰 역경을 인내하고 성공을 이룬 유명인의 이야기는 차고도 넘친다. 어디서 이런 끈기가 나왔을까? 어떻게 하면 열악한 상황에서도 계속 나아갈 동기를 부여받을 수 있을까?

길잡이가 될 만한 몇 가지 중요한 이론이 있다. 먼저 심리학자들이 '자기결정이론Self-Determination Theory'이라고 부르는 것을 살펴보자. 자기결정이론에 따르면 동기부여는 스스로 자유의지로 행동할 때, 다른 사람과 연결되어 있고 지지를 받는다고 느낄 때, 자신이 유능하다고 느낄 때 발생한다. 이런 상태에서 어떤 활동 자체에 가치를 느끼고 그 활동이 목적의식에 부합한다고 생각하면 가장 큰 동기부여가 일어난다. 이때는 누가 떠밀지 않아도 알아서 그 일을 한다. 이런 상태를 '내재 동기intrinsic motivation'라고 부른다. 에드워드 데시 박사와 리처드 라이언 박사는 연구를 통해 내재 동기가 있는 사람은 자신감과 끈기가 있고 수행력도 좋고 창의적이라는 사실을 발견했다. 반대로 돈이나 칭찬 등 외부에서 보상을 받으면 동기부여가 약해지는 경향이 있다.

목표 달성을 위한 노력을 생각해보면 내재 동기의 중요성을 공감할 수 있다. 당신은 작년에 20킬로그램이 쪄서 다시 살을 빼려고 노력 중이다. 의사는 매달 병원에 들러 체중을 체크하라면서 체중 감량을 못하면 일어나게 될 온갖 나쁜 시나리오를 제시한다. 자괴감을 느낀 당신은 집으로 돌아와 아이스크림을 통째로 먹어치운다. 이것이 '외재 동기extrinsic motivation'의 효과다. 반대로 체중을 감량하면 얼마나 기분이 좋고 활력이 생길지, 옷 입는 것은 얼마나 수월할지에 초점을 맞출 수도 있다. 소중하게 여기는 것을 떠올리면 절로 살을 빼고 싶다. 나도 모르는 사이에 희망과 가능성을 품고 헬스장을 드나들기 시작한다.

리처드 보야치스 박사가 계발한 '의도변화이론Intentional Change Theory'은 동기부여를 이해하는 또 하나의 방식이다. 이 이론에 따르면, 지속 가능한 변화를 일으키고 목표에 도달하려면 비전을 가지고 경로를 개척할 강력한 동기부여를 유발해야 한다. 자기결정이론과 마찬가지로 의도변화이론은 신뢰할 만한 관계의 중요성을 강조한다. 참고 버티려면 의지할 사람들이 필요하다는 말이다.

내면의 자원과 지혜를 활용하려면 자신의 힘도 의지해야한다. 외부의 인정도 도움이 되지만 항상 외부에서 나를 인정해주는 건 아니다. 그러나 이상적인 자아상과는 늘 연결될 수 있다. 그 안에서 우리는 스스로를 인정하고 격려하면서 최상의 상태가 되도록 동기를 부여할 수 있다. 스스로 되고자 하는 자아와 교류함으로써 내면의 길잡이를 활용하고 가고 싶은 목적지에 도달하도록 돕는 훈련을 소개한다.

회복탄력성 훈련: 미래의 자아 만나기

내면 깊숙이 지혜를 가지고 있지만 어떻게 꺼내 쓰는지 모르는 사람들이 많다. 내면의 지혜는 삶의 분주함과 사회의 기대치와 자기비판에 가려 시야 밖으로 밀려나기 일쑤다. 그 지혜와 연결되는 방법은 미래의 자신, 즉 언젠가 되고픈 최고의 이상적 자아상에 접근하는 것이다. 당신의 동기가 위축되고 목표 달성을 위한 끈기를 강화할 필요가 있다고 느낄 때 이 훈련을 시도해보자.

1. 조용하고 편안한 장소에 앉는다. 훈련 막바지에 사용할 노트를 꺼내둔다. 눈을 감고 화창하고 아름다운 날 바깥을 산책하는 자신을 상상해보자. 편안한 마음으로 오솔길을 거닐고 있다.

2. 오솔길을 계속 따라가면 미래의 자아를 만나게 된다. 저 멀리서 당신과 만날 생각에 들떠서 환한 얼굴로 다가오는 미래의 자신을 바라보자.

3. 미래의 자아가 보이는 표정과 몸짓에 주목한다. 어떤 모습으로 다가오는가? 느낌이 어떤가? 미래의 자아를 지그시 들여다보고 눈에 띄는 것을 마음에 새긴다.

4. 오솔길에서 벗어나 편안한 곳에 앉아 미래의 자아에게 아래의 질문을 던져보자.
   - 당신의 삶에서 가장 중요한 것은 무엇인가?
   - 온전하고 의미 있는 인생을 살기 위해 알아야 할 것은 무엇인가?
   - 현재 내가 맞닥뜨린 역경에 대해 어떤 조언을 해줄 수 있는가?

5. 이제 미래의 자아가 선물을 준다고 상상해보자. 당신은 그 선물을 받고 돌아와 만남의 추억을 되새기며 스스로 어떤 사람이 되어가고 있는지 기억을 되살릴 수 있다. 그 선물에 어떤 특별한 의미가 담겨 있는지 물어보자.

6. 미래의 자아에게 지혜를 나눠주어 감사하다고 말하고 작별 인사를 한다. 오솔길을 따라 현재의 시간으로 다시 돌

아오자. 준비가 되면 살며시 눈을 뜬다.

7. 아직 기억이 생생하게 남아 있을 때 방금 만난 존재에 관해 최대한 기록을 남긴다.
   - 당신의 질문에 그는 어떤 답을 했는가?
   - 당신에게 준 선물은 무엇인가? 선물에 담긴 의미는 무엇인가?

당신은 성장과 위로에 도움이 되는 깊은 지혜를 찾았을지도 모른다. 이 지혜는 인생 가운데 닥친 도전을 극복하는 데 매우 유익하다.

지속적으로 지혜를 얻으려면 미래의 자아와 자주 만나야 한다. 아침 출근길이나 티타임에 만남을 이어갈 수 있다. 어떤 이슈든 상의하자. 주기적으로 미래의 자아와 시간을 보내고, 내면의 동지와 관계를 쌓자. 이 만남에서 공유한 지혜와 경험을 흡수하고 그를 인생의 길잡이로 삼아보자.

02 목표가 인생의
더 큰 목적에 부합하는가

목표가 명확하고 계획이 확실히 마련되면 그 목표를 달성할 때까지 잘 참고 견딜 수 있다. 목표가 무엇인지 분명하게 알면 아무리 힘든 일도 인내하기 마련이다(앞서 말한 의도변화이론에서 주장하는 내용이다). 그런데 머리로는 잘 알지만 실제로 이런 식으로 자신이 맞닥뜨린 역경을 대하지 않는 경우가 부지기수다. 꾸준히 전진하려면 목표를 명확히 정해야 한다. 이는 충분히 시간을 들일 가치가 있는 일이다.

먼저 목표가 인생의 더 큰 목적에 부합한지 점검해야 한다. 이 목표를 달성하는 게 왜 중요한가? 이 일을 하는 근본적인 이유는 무엇인가? 한발 물러나 인생의 과정에서 지금 이 시기에 가장 중요한 것이 무엇인지 파악하면 현재 당면한 일을 어떻게 해야 할지 감이 잡힌다. 목표가 근본적인 목적과 일치할수록 장애물이 있어도 계속 길을 걸어갈 수 있다. 목표를 목적의식과 연결하는 것이 동기부여를 위한 최선의 방법이다.

디드레는 5년째 소설을 구상하고 있었다. 가톨릭 신자로 성장했지만 교계의 성추행 스캔들과 미진한 여성 인권 신장에 실망해 교회 안에서 장벽을 뛰어넘고 목소리를 내는 어느 여성에 관한 이야기였다. 이 주제에 강한 열의를 가졌고 소설가로서 자신의 역량도 확신했다. 하지만 막상 프로젝트에 몰두하는 데는 어려움을 겪었다. 글 쓸 시간을 내지 못할 때가 많았고 '창작의 벽'에 부딪히기 일쑤였다.

결국 가족에게 이 목표를 공유하기로 한 뒤, 가족의 격려에 힘입어 글쓰기에 집중하기 시작했다. 가족들은 디드레가 집중하지 못하거나 창의성이 고갈되었다고 느낄 때마다 중요한 목표가 무엇인지 일깨워주었다. 마침내 소설을 완성한 그녀는 현재 책을 출간할 출판사를 알아보고 있다.

디드레는 목적을 정확히 알고 있었다. 전하고 싶은 명확한 메시지가 있었다. 하고 싶은 일이 목적과 연결될 때 끈기를 발휘할 수 있다. 그래서 가족에게 도움을 청할 수도 있었다. 물론 모든 사람이 마음속 깊은 목적을 확실히 아는 건 아니다.

의사들의 코치인 나는 내담자가 가장 깊은 목적과 연결되어 목표를 향해 나아가도록 돕는 일을 한다. 내담자는 의료인이므로 그들의 목적은 당연히 환자를 돌보는 것 아니냐고 반문할지 모르겠다. 안타깝게도 복잡한 의료 보건 체계가 부과하는 부담 때문에 의사들조차 길을 헤매는 일이 다반사다. 나는 의사들에게 '인생 목적 선언문'을 작성해보라고 권한다. 이 선언문은 회사나 단체의 사명 선언문과 같다. 자신이 가장 중요하게 여기는 것에 초점을 맞추고 이에 부합한 결정을 내리도록 돕는다.

어느 가정의학과 의사는 다음과 같이 사명을 선언했다.

"나는 열정적이고 상상력이 풍부한 치유자다. 사람들이 있는 곳으로 달려가 판단하지 않는 자세로 이야기를 들어주고 깊이 소통하며 홀로 고통받지 않도록 돕는다."

응급실 의사는 이런 선포를 했다.

"나는 모든 팀원이 환자의 고통을 덜어주고 미소를 선사하기 위해 합심하여 일할 수 있도록, 어려운 문제에 대한 해결책을 찾아내는 현명하고 공정한 지도자다."

나는 어린 시절의 진실을 밝히기 위한 오랜 성찰 끝에, 나의 목적은 다른 사람들이 자신에 관한 진실을 발견하도록 돕는 것이라는 결론에 도달했다.

"나는 사람들이 자신의 진실을 발견하고 믿을 수 있도록 돕는 참나무처럼 강인한 치유자다."

'인생 목적 선언문'은 자신이 추구하는 가치에 부합하는 결정을 내리도록 돕는다.

당신도 '인생 목적 선언문'을 만들 수 있다. 인생에서 무엇을 중요하게 여기는지 생각해보고 아래의 형식을 따라 선언문을 작성해보자.

"나는 ○○○하도록[왜 그 일을 하는지 묘사하라] ○○○하는[하는 일을 묘사하라] ○○○이다[당신을 묘사하라]."

다음의 예시를 참고하자.

"○○○하도록"

당신이 왜 그 일을 하는지에 관한 명확한 이유를 담아 선언문을 완성하라. 당신이 현재 하는 일의 최종 목표는 무엇인가?

예시:

"모든 팀원이 환자의 고통을 덜어주고 미소를 선사하기 위해 합심하여 일할 수 있도록"

"나에게 도움을 청하는 모든 사람의 짐을 덜 수 있도록"

"누구나 두려움이나 스트레스 없는 삶을 살 수 있도록"

"그들 앞의 도전이나 기회에 대비하도록"

"○○○하는"

이 역할을 맡은 당신이 하는 일을 정의하라. 당신에게 가장 중요하고 의미 있는 일은 무엇인가? 당신이 하는 모든 중요한 일의 뿌리가 되는 과업은 무엇인가?

예시:

"해결책을 찾는"

"다각도로 문제를 고민하는"

"사람들의 안전을 지키기 위해 열심히 일하는"

"학생들이 확실히 이해하도록 돕는"

"○○○이다"

당신의 목적에 따른 역할에 이름을 붙이고 그 역할을 어떻게 수행하는지 묘사하라.

예시:

"현명한 지도자"

"창의적인 문제 해결자"

"든든하고 충성스런 보호자"

"끈기 있고 격려를 잘하는 교사"

한번 시도해보자! 정답은 없다. 이 선언문이 힘든 도전과 갈림길 앞에서 현명한 길잡이가 되어줄 것이다.

끈기를 가지려면
계획은 구체적으로

(03)

끈기를 가지려면 근본적인 목적과 연결되는 것뿐만 아니라, 장기적 목표를 향해 나아가는 과정에서 현실적이고도 구체적으로 단기 성과의 이정표를 수립해야 한다. 목표와 행동 계획을 연결하는 훈련에 앞서, 목표에 도달하고자 할 때 유념해야 하는 계획 수립의 요소를 소개한다.

1. 타임라인. 마라톤이나 철인 3종 경기에 출전하기로 했다고 가정해보자. 시합을 앞두고 몸과 마음을 준비하려면 매주 몇 킬로미터씩 달리기 연습을 할지 구체적으로 계획하고 최대한 일정을 지켜야 한다. 계획을 분명하게 파악할 수 있는 타임라인을 짜자. 페이스 조절에도 도움이 될 것이다.

2. 스케줄과 체크리스트. '해야 할 일' 체크리스트를 하나씩 지울 때 뿌듯함을 맛본 적이 있는가? 이건 무의미한 행위가 아니다. 여러 신경과학 연구를 통해 어떤 일을 완수해 체크리스트를 지울 때 실제로 도파민 분비가 활성화된다는 것이 입증되었다. 도파민은 행복감을 주는 신경전달물질이다. 프로젝트에서 세부적으로 완수해야 할 리스트를 만들고 하나씩 지워간다면 그때마다 기분 좋은 선물을 선사하는 셈이다.

3. 단계의 세분화. 야심찬 목표에 접근할 때는 단계를 세분화해서 접근성을 높이는 것이 유리하다. 목표에 다가가는 데 미미한 성취처럼 보이더라도 멈추지 말고 해보자. 목표가 얼마나 높은지를 따지기보다는 스스로에게 이렇게 물어보자. "목표를 향해 나아가기 위해 오늘 내가 성취할 수 있는 단 한 가지는 무엇일까?" 디드레의 예를 들면, 매일 500단어씩 글을 쓰거나 오전에 한 시간씩 글을 쓰는 세분화된 계획을 세울 수 있다.

4. 작게 시작하기. 목표가 마라톤 대회 출전이다. 그런데 평소에 운동을 안 한 사람이라면 처음부터 마라톤 코스 완주

를 연습하진 않을 것이다. 단거리부터 시작하거나 심지어 걷기부터 시작할 수 있다. 그래야 무리하지 않고 중도하차도 피할 수 있다. 작게 시작하면 결국에는 엄청난 일도 감당할 수 있겠다는 마음이 생긴다. 처음부터 소소한 승리감을 맛보길 바란다.

5. 현실적 평가. 당신이 처한 환경에 걸맞은 현실적 목표를 세워야 끈기는 극대화된다. 물론 소설 쓰기나 집 짓기 등 당장 현실적으로 어려운 목표는 아예 꿈도 꾸지 말라는 말은 아니다. 당신이 열 살 아래의 세 자녀를 키우면서 바쁜 직장 생활을 하고 있다면, 지금 당장은 내 손으로 통나무 별장 세우기라는 로망을 이룰 때가 아니다. 차라리 주말에 통나무 펜션으로 놀러가 단풍놀이를 하는 일정을 계획해보는 건 어떨까? 단풍놀이를 하면서 나중에 어떤 식으로 통나무집을 지을까 아이디어를 얻을 수도 있다. 우리의 목표는 인생의 시기마다 달라진다. 그래도 전혀 문제될 게 없다.

목표 달성이 왜 중요한지 알아야 지속적인 동기부여가 가
능하다. 어떤 목표에 도달하는 과정은 필연적으로 희생을
요구한다. 가장 중요한 것에 집중하기 위해 무언가 포기해
야 한다는 말이다. 무엇이 중요한지 확실히 알면 균형 잡기
가 한결 수월해지고 주의를 분산시키는 일에 '아니오'라고
말할 수 있다. 아래의 훈련은 목표 달성을 위한 출발점으로
가장 중요한 가치가 무엇인지 파악하는 데 유익하다. 질문
에 대한 답은 노트에 기록하자.

1. 먼저 당신에게 최고의 가치가 무엇인지 돌아보자. 당신
   이 최상의 상태일 때 보여준 진면목(예를 들면 정직함, 진실성,
   성장 등)을 확인하고 특별히 자긍심을 느끼는 과거의 행동
   을 떠올려보자. 직장이나 가정에서 겪은 일도 좋고 당신
   이 정말로 빛나던 시기여도 좋다. 잠시 시간을 내서 그때
   드러난 당신의 진가를 열거해보자.

   나의 진가는:

2. 당신이 달성하고 싶은 목표를 설정한다. 이 목표는 현실
   적이고 달성 가능해야 한다. 또한 이 목표를 통해 당신의
   진가를 발휘할 수 있어야 한다.

3. 아래의 질문을 자신에게 던져보자.

- 이 목표에서 나에게 중요한 것은 무엇인가?

- 내가 이 목표를 추구하는 근본적인 이유는 무엇인가?

- 이 목표는 내 최고의 가치와 어떻게 부합하는가?

- 이 목표에 이르기 위해 줄여야 하는 일은 무엇인가?

사례:

베스는 자신의 직업을 소중히 여긴다. 그녀가 자긍심을 느낀 순간은 예산 초과 없이 기대를 뛰어넘는 탁월한 광고 캠페인을 기획할 때였다. '창의적 사고'와 '팀워크'와 '도전하는 삶'이 그녀의 진가다. 달성하고 싶은 목표는 창업이다. 이것이 중요한 이유는 창의적이고 도전적인 일을 할 자유를 얻을 수 있기 때문이다.

4. 이제 행동 계획을 세워보자.

- 목표 달성의 가능성을 높이기 위해 어떤 작은 단계들을 밟아가야 할까?

- 언제 이 단계들을 실행할 것인가? 타임라인을 만들자.

- 오늘은 어떤 단계를 실행할 것인가? 그리고 내일은?

사례:

베스는 목표 달성을 위해 길잡이가 될 멘토를 찾아야 한다. 해당 업계에 견문이 풍부한 사람들을 물색하고 연락을 취해 벤처 사업을 시작할 때 도움이 될 지원 네트워크를 구축하는 것이 구체적인 행동 계획이다.

5. 이 새로운 단계들과 연결될 당신의 현재 습관이나 관행을 열거해보자.

사례:
베스는 다음 달부터 점심시간마다 잠깐의 시간을 내서 업계 현황을 조사하고 매일 아침 만나고 싶은 사람 한 명에게 전자메일을 보내기로 마음먹었다.

아무리 원대한 목표도 작은 결정과 행동 하나부터 시작해야 한다는 사실을 명심하자.

04 현실을 있는 그대로 받아들이자

인생을 살다 보면 사방에서 시도 때도 없이 변화구가 날아 들어온다. 대형 프로젝트를 진행하고 있는데 난데없이 사건들이 들이닥치기도 한다. 갑자기 연로한 부모님을 돌봐야 한다거나, 아이가 학교에서 문제를 일으킬 수도 있다. 직장에서 동료가 그만두는 바람에 결원이 발생하기도 하고, 코로나19 같은 감염병 때문에 비상사태가 일어날 수도 있다. 이런 상황에서 어떻게 끈기를 가지고 가던 길을 계속 갈 수 있을까?

끈기는 현실을 외면하는 것이 아니다. 오히려 그 반대다. 어떤 난관이라도 극복하려면 먼저 난관이 존재한다는 사실을 받아들여야 한다. 누구나 인생의 궤도에서 이탈할 때가 있고 인생은 원래 그렇다는 사실을 상기하면 위로가 된다. 앞서 살펴본 존재의 '첫 번째 징표'를 기억하는가? 나쁜 일은 늘 일어나기 마련이다. 지금이야말로 대형 프로젝트를 실행할 적기라고 판단했을지라도 인생은 당신에 대한 다른 계획을 가지고 있을지 모른다. 지나온 인생을 돌아보면 결코 단선적인 여정은 아니었다. 아름다운 산봉우리를 향해 등정하다가 정상과 나를 갈라놓는 험지를 만나는 경우가 부지기수다. 험지가 계획에는 없었더라도, 아무도 험지가 있다고 귀띔해주지 않았더라도, 우리는 험지를 통과해야 목표하는 곳에 다다를 수 있다.

현실을 있는 그대로 수용하기만 해도 그 자체로 생산적인 한 걸음이 된다. 우리는 어떤 것에 저항하거나 격분하는 데 많은 에너지를 소모한다. 그것이 성격이나 감정 같은 내적인 것이든 육체적 고통이나 엇나간 타이밍이나 힘겨운 상황 같은 외적 요인이든 말이다. 머릿속에서 무수한 대화를 나누며 상황에 매몰되고 상심한다. 상황을 받아들이기 전까지는 쳇바퀴에서 계속 맴돌기 때문에 끈기를 가지고 나아갈 수 없다.

이 원리는 '수용전념치료Acceptance and Commitment Therapy'에서 강조하는 바다. 즉, 현실을 있는 그대로 수용하고 어떤 상황이

든 대처하려는 자세가 활력 넘치는 삶의 비결이다. 수용한다
는 것은 인생이 숱한 선택으로 가득하다는 깨달음이다.

끈기는 문제를 직면하고 최고의 가치에 부합하는 선택에
전념하게 만들어 갈등과 스트레스를 줄인다.

성공한 패션 디자이너 제시카는 교통사고로 만성 다리 통증
을 얻는 바람에 일을 잠정적으로 중단했다. 여러 병원을 전
전하며 약이라는 약은 다 써봤지만 통증은 여전했다. 한동
안 괜찮다가도 갑자기 주리를 틀 듯 다리가 아팠다. 언제 고
통이 올지 몰라 두려워하며 당장 내일은 또 어떻게 살지 걱
정에 빠졌다. 통증 때문에 아무 일도 할 수 없는 자신을 비관
했다.

하지만 제시카는 심리 치료사의 수용전념치료를 받으면
서, 오히려 많은 생각이 고통을 증폭시켰고 자신이 지나치
게 통증에 집착하고 있었음을 깨달았다. 통증은 고단한 짐
이지만 그 짐을 받아들이면 자신에게 커리어에 전념할 자유
가 생긴다는 사실을 알게 되었다. 물론 수용은 쉽지 않은 일
이었지만 그것이 중요한 커리어를 위한 취사선택에 도움이
되었다. 이제 통증이 아름다운 산봉우리로 가는 여정 중 만

나는 험지와도 같다는 것을 이해하기 시작했다.

제시카가 한 일은 육체적 고통을 수용하며 일하는 법을 터득한 것 이상이었다. 자신의 인생은 이러저러해야 한다는 신념을 포기했다. 현실을 부정하는 데서 벗어나 현실의 실체 속으로 걸어 들어갔다. 물론 통증이 호전되리라는 희망을 내려놓은 건 아니다. 자신의 불행에 격분하는 데 에너지를 소모하는 대신 인내하며 통증을 관리하는 '동시에' 인생의 목표도 좇을 수 있었다. 이제 그녀는 가능한 일에 희망을 두었고 덕분에 시련을 견딜 수 있었다.

목표를 가로막는 현실에 저항한 순간들을 떠올려보자. 누구나 그런 순간이 있다. 나도 과거에 저항하며 인생이 얼마나 불공평한지, 어린 시절에 힘든 일을 겪지 않았다면 얼마나 좋았을지 되뇌며 허송세월했다. 과거는 바뀔 수 없다는 사실을 받아들이고 나서야 비로소 내 인생에서 좋은 것들을 온전히 포용할 수 있었다.

이번 장에서는 인생의 목표를 향해 나아갈 때 끈기를 발휘하는 데 유익한 방법을 안내한다. 아래의 회복탄력성 훈련에 도전해보길 바란다.

우리는 새해마다 작심을 한다. 작심의 결과는 모 아니면 도다. 작심한 대로 이루었느냐 이루지 못했느냐. 이루지 못했을 때는 기분이 썩 좋지 않다. 그런데 끈기를 키우는 비결은 작심이 아니라 의도intention를 설정하는 것이다. 의도는 우리가 나아갈 길을 파악하는 데 유익하다. 이 길은 체중 감량처럼 구체적인 목표일 수도 있고, '자신과 타인에게 친절한 사람 되기'처럼 광범위한 변화일 수도 있다.

의도 설정이 효과적인 이유는 주의를 집중시키기 때문이다. 의도 설정이 없다면 목표를 향한 초점을 잃어버린다. 프로젝트 수행보다는 인터넷 서핑이나 TV 몰아 보기, 직장 동료와 수다 떨기 등 잡다한 일에 정신이 분산된다. 의도 설정은 우리가 트랙에서 이탈하지 않도록 방향성을 부여한다. 그래서 그 날, 그 주, 그 달, 그 해에 가장 중요한 일에 집중하게 한다. 의도 설정은 우리가 추구하는 바를 위해 인내하고 걸림돌을 극복하는 데 유익하다.

이 훈련은 당신의 하루에 의도를 설정하는 데 유익하다. 아침에 일어나자마자 훈련해도 되고 출근길에 버스나 지하철, 자동차 안에서도 괜찮다. 5분 정도 방해받지 않는 시간만 확보하면 된다. 노트에 적어도 좋고 머릿속으로 해도 좋다. 일단 의도를 설정했다면, 당신에게 가장 중요한 것이 무엇인지, 당신의 진면목에 부합하는 목표가 무엇인지에 관해 자신이 알고 있는 지식을 신뢰하자.

1. 먼저, 다음 질문에 대한 답을 생각해보자.
   - 현재 시점에서 인생에서 가장 소중한 것은 무엇인가?
   - 무엇이 당신을 진심으로 행복하게 만드는가?
   - 당신은 무엇으로부터 자양분과 보람을 얻는가?

2. 다음으로, 위의 답을 염두에 두고 아래의 중요한 요소들과 부합하도록 오늘 무슨 일을 할지 생각해보자.
   - 다음과 같이 당신이 추구하는 자세와 관련된 의도를 설정할 수 있다.

   예시:
   더 친절한 사람이 된다.
   자녀나 배우자에게 덜 예민하게 군다.
   더 많은 감사를 경험한다.
   타인에게 긍정적인 롤 모델이 된다.
   자신에게 더 긍휼한 마음을 갖는다.

   - 다음과 같이 당신의 의도가 구체적인 것이 될 수도 있다.

   예시:
   집을 깔끔하게 정돈한다.

운동 시간을 늘린다.

단 것을 덜 먹는다.

'무작위 선행'을 실천한다.

규칙적으로 명상한다.

3. 하루를 마칠 때, 설정한 의도와 그에 대한 실천을 돌아본
다. 기회를 놓쳤더라도 스스로를 판단하지 말자. 계속 최
선을 다하겠노라고 마음먹으면 된다. 노트에 기록을 남
겨도 좋다.

목표는 미래 지향적이지만 의도는 매순간 달성 가능하다.
이것이 의도의 장점이다. 지금 당장이라도 어떤 의도를 충
족시켜 즉각적인 성공을 맛볼 수 있다. 의도는 변화를 위한
긍정적인 동기를 유발한다. 의도는 자신을 들들 볶는 도구
가 아니라 빛을 비추는 등대가 될 수 있다.

- 끈기를 발휘하기 위해서는 확실한 동기를 갖는 것이 중요하다.

- 사회는 재능을 성공의 제1요인이라고 주입시킬지 모르지만, 실제로는 재능보다 노력이 훨씬 더 중요하다.

- 활동 자체에서 가치를 발견하고 활동이 목적의식에 부합할 때 강한 동기가 유발된다. 이럴 때는 강요가 아니라 희망에 따라서 활동한다.

- 일을 작은 단계로 세분화하는 것이 중요하다. "앞으로 나아가기 위해 오늘 달성해야 할 한 가지는 무엇인가?"라고 스스로에게 물어보자.

- 상황을 있는 그대로 받아들이면 현실에 저항하거나 격분하는 데 낭비할 에너지를 유용하게 쓸 수 있다.

- 날마다 의도를 설정하면 목적에 부합한 삶을 사는 데 도움이 된다.

5장

자기조절
Self-Regulation

인생을 살다 보면 파도처럼 몰아치는 상황 속에서 자신의 생각과 감정을 관리하는 일이 중요하다. 우리가 신경 써야 할 많은 일들 앞에서 회복탄력성을 유지하려면 페이스를 조절하고 맞닥뜨리게 되는 역경에 반응하는 법을 익혀야 한다. 이번 수업에서 우리는 평정심을 유지하고 어려운 감정을 다루고 에너지를 긍정적인 방향으로 흐르게 하는 '자기조절'의 방법을 살펴볼 것이다.

01   자기조절능력을 키우려면

앞 장에서 우리는 스스로 선택한 일을 할 때 동기부여가 가장 강하게 일어난다는 사실을 배웠다. 인생 가운데 마주치는 예기치 못한 장애물은 우리의 통제 범위 밖에 있다. 하지만 그 장애물에 대한 반응은 선택할 수 있다. 우리는 무슨 일이 닥쳐도 늘 선택의 순간이 있다는 단순한 진실을 망각할 때가 많다. 이 진실을 잘 표현한 유명한 말이 있다. "자극과 반응 사이에는 공간이 있다. 그 공간 안에는 반응을 선택할 자유와 능력이 있다. 그리고 그 반응 안에는 성장과 행복이 있다."

우리는 너무 분주한 나머지 이 선택 지점을 제대로 보지 못한다. 급한 불을 끄며 돌아다니고 온갖 곤혹스러운 일을 겪고 수많은 감정에 휩싸이기 바쁘다. 통제력을 상실한 채 내가 인생을 운영하는 것이 아니라 인생이 나를 운영하는 느낌을 받는다. 당신이 회복탄력성이 높다면 더 효과적인 자기조절이 가능해진다. 회복탄력성은 잠시 멈춰서 눈가리개를 제거하고 선택의 순간을 돌아보게 한다. 우리는 의지기제agency를 활용해 다음 행보를 선택할 수 있다.

47세 외과 의사인 제이크는 수술실에서 몇 차례 혈기를 부린 뒤에 나에게 코치를 받으러 찾아왔다. 그는 명망 높은 의사였지만 안하무인의 태도 때문에 간호사들로부터 몇 차례 항의를 받았다. 한번은 갓 수련을 마치고 선망하던 수술실에 첫발을 내디딘 간호사와 일이 터졌다. 제이크가 건네주라는 수술 도구를 그녀가 찾지 못하고 헤매자 버럭 호통을 친 것이다. "어떻게 이런 실력으로 감히 내 수술실에 들어올 생각을 했지?" 충격에 휩싸인 간호사는 울며불며 수술실을 뛰쳐나갔다.

다행히 제이크는 개선의 의지가 강했다. 나는 그에게 감정 온도에 민감해져서 분노와 좌절감이 올라올 때마다 신체가 보내는 경고 신호를 파악하라고 했다. 어느 정도 연습이 필요했지만 제이크는 이내 분노가 엄습할 때 호흡이 가빠지고 얼굴이 화끈거리고 온몸이 경직되는 걸 발견했다. 일단 신호를 간파하자 자신에게 분노 조절에 활용할 많은 의지기제를 찾을 수 있었다. 그는 어려운 수술을 능숙하게 해내듯 자신의 감정을 잘 통제하기 시작했다.

제이크를 무례하고 배려 없는 전형적인 외과 의사로 치부할 수도 있다. 하지만 실제로는 친절과 존중을 중시하는 인정 많은 사람이었다. 그저 자신의 감정을 어떻게 조절할지 몰랐을 뿐이다. 스트레스를 받을 때마다 제이크는 날것 그대로 감정이 올라왔다. 대학 졸업 후 11년 동안 의학을 공부했지만, 자기조절에 관해서는 배운 바가 거의 없었다. 게다가 감정 조절 능력이 결여된 자신이 주변에 어떤 영향을 미치는지 살피지도 못했다. 다행히 행동과 가치관의 일치를 위해 노력한 결과 혈기를 부리는 빈도도 한결 줄어들었다.

제이크가 했던 훈련은 자신의 감정을 이해하고 조절하는 능력인 '감성지능'을 키우는 첫걸음이었다. 베스트셀러 『EQ 감성지능』(웅진지식하우스, 2008)을 쓴 심리학자이자 과학 기자인 대니얼 골먼 박사는 감성지능을 심층 해부하며 이것이 중

요한 이유를 설파했다. 감성지능을 높이는 이유는 감정에서
벗어나는 것이 아니라 부정적인 감정과 경험까지 아우르는
능력을 갖추기 위해서라고 말했다. 감성지능이 높으면 우리
의 가치나 목표와 일치하는 행동을 선택할 수 있다. 감성지능
계발의 목적은 감정의 흐름을 틀어막는 게 아니라 더 큰 기민
함으로 감정에 반응하려는 것이다. 감성지능이 생기면 감정
에 압도당할 때조차 자기조절능력을 충분히 발휘할 수 있다.

　우리 주변에는 감성지능을 계발하지 못한 사람들이 많다.
감정을 피해야 할 대상으로만 배웠기 때문이다. 또는 어떤 감
정은 수용하고 어떤 감정은 걸러내야 한다고 배웠기 때문이
다. "잘 지내시죠?" "네, 잘 지내요"라는 일상의 안부 인사조
차 사실상 감정이 들어설 자리는 없다. 사회에서 감정에 관한
이미지는 이토록 부정적이다. 한 번쯤 이런 말을 들어보았을
것이다. "다 큰 남자애가 왜 우니?" "우리 집에는 너처럼 화내
는 사람이 없어." "웃는 얼굴로 나올 수 있을 때까지 네 방에
들어가 있어." "그냥 좀 넘겨라!" 이렇게 우리는 감정을 치워
버리는 방법을 체득한다. 그러나 감정을 다루는 방법을 익히
면 일터나 가정 어디서나 누구를 만나든 감정이 나를 좌우하
는 일은 줄어들 것이다.

감정을 다루는 데 도움이 될 만한 세 가지 중요한 원칙을 소개한다.

1. 방아쇠를 파악하라. 감성지능은 강력한 감정 반응을 촉발하는 방아쇠를 파악하는 데서 시작된다. 감정의 방아쇠는 여러 요인으로 당겨질 수 있는데 대체로 다음과 같다.

- 나를 존중하지 않는다는 느낌
- 내 말을 잘 듣지 않는다는 느낌
- 나의 필요를 배려하지 않는다는 느낌
- 부당한 대우를 받는다는 느낌

훌륭한 가정에서 자란 사람들조차 어린 시절에는 이런 방아쇠를 경험한다. 순수하고 무력한 존재인 우리는 부모에게 의존했지만 부모도 늘 자신의 역할을 잘해낸 건 아니다. 성인이 되어 특정 상황에 부딪히면 무기력했던 그 순간으로 돌아가 그때의 감정이 물밀듯 밀려온다.

2. 배려하라. '자기공감'은 회복탄력성 강화에 꼭 필요한 요

건이므로 여기서도 다루고 넘어갈 필요가 있다. 스스로를 배려하라. 감정의 방아쇠가 당겨지는 것은 고통스럽지만 이를 경험하는 것은 우리의 잘못이 아니다. 감정은 인간의 일부다. 우리가 통제하는 것은 감정이 아니라 감정에 대한 반응임을 늘 기억하라.

3. 감정은 지나간다. '존재의 두 번째 징표'는 모든 것은 변한다는 것이다. 특히 몇 분 만에 사그라드는 감정이 그렇다. 이 점을 유념하면 감정을 몰아내지 않고도 안정감을 얻을 수 있다. 감정의 위세에 눌려 내가 버틸 수 있을지 의심이 들더라도 시간이 지나면 감정이 일어났다가 다시 사라지는 것을 볼 수 있다.

격한 감정에 사로잡힐 때는 지금 여기에 머무르기 위한 도구가 필요하다. 감정에 휩싸이지 않도록 호흡법을 이용해 지금 여기에 닻을 내리는 훈련법을 소개한다.

위력적인 감정에 압도된 나머지 상황 판단이 흐려질 때가 있다. 그 순간 무엇이 필요한지, 다음에는 무슨 일을 해야 할지 분별력을 상실하고 만다. 하지만 감정의 태풍을 가라 앉히고 차분히 상황을 관조하면 다시 균형감을 가지고 선택지를 고민할 수 있다. 평소에 STOP 기법을 훈련해두었 다가 감정에 휩쓸릴 때 활용해보자.

훈련을 위해 스트레스를 유발했던 상황을 떠올려보자. 스트레스 지수가 10점 만점에 3~5점 범위에 드는 상황을 선택한다. 현재 그 상황 가운데 있다고 상상하자. 그다음 아래의 단계를 따라간다.

S: Stop. 하고 있는 모든 일을 멈춘다. '일시 정지' 버튼을 누르고 차분히 마음을 가라앉힌다. 지금 여기에 화면을 정지시킨다.

T: Take breath. 천천히 세 번 심호흡한다. 호흡의 감각에 집중하고 몸이 속도를 늦추는 것을 느낀다.

O: Observe. 자기 자신과 자신이 처한 상황을 관찰한다. 유체 이탈을 한 듯 제3자 입장에서 상황을 관찰한다고 상상해보자. 자기 자신과 자신이 겪고 있는 상황에 크게 공감

하는 관찰자가 된다. 관찰자 입장에서 무엇이 보이는가?

P: Praise. 크든 작든 칭찬할 이유를 찾아 스스로를 칭찬한다. 자신의 강점을 일깨운다. 상황이 나빠지지 않도록 선택한 자신을 칭찬하자. 이제 정신이 맑아졌으니 다음에 무슨 일을 할지 생각해본다.

당신이 처한 상황을 다른 시선으로 보게 되었는가? 훈련 전과 후에 무엇이 달라졌는가? 새로운 대처 방안을 발견했는가?

자기조절의 핵심 도구는 관찰자 입장에서 효과적으로 대응하기 위해 필요한 평정심이다. 모든 일이 그렇듯 이것도 훈련이 필요하다. 매주 몇 번씩 훈련하면 머지않아 필요할 때마다 이 도구를 꺼내 쓸 수 있다.

02 휘몰아치는 감정을 어떻게 다룰 것인가

감정은 인간됨의 핵심이다. 애정, 슬픔, 기쁨, 비통, 두려움, 놀람, 희망은 셰익스피어 희곡의 소재만이 아니라 세상만사의 화두다. 하지만 우리는 감정 다루는 법을 잘 모른다. 슬픔, 비통, 분노, 두려움을 불편하게 여기고 방어적인 자세로 이 '부정적' 감정들이 빨리 떠나기만 바란다. 반대로 기쁨, 사랑, 희열은 영영 끝나지 않기를 바라며 부둥켜안고 놓아주지 않는다.

우리는 감정을 조절하는 법을 제대로 배우지 못했다. 극렬한 감정을 두려워한 나머지 아예 밀쳐버리거나 감정이 나를 집어삼키도록 내버려두고는 나중에 후회한다. 그러나 STOP 기법에서 보았듯이 우리는 감정의 태풍을 견뎌낼 수 있다. 잠시 멈추고 감정을 관찰하면 감정도 인간이 살아가는 모습 중 하나임을 깨닫게 된다. 하늘의 구름처럼 감정은 생겨났다가 사라진다. 자기조절은 자신이 느끼는 감정에 관한 판단을 미룬 상태에서 그저 감정이 존재하도록 허락하는 것이다. 대표적으로 다루기 힘든 세 가지 감정을 살펴보고 어떻게 풀어갈지 이야기해보자.

분노

모든 종류의 감정을 통틀어 가장 악명이 높은 것은 분노다. 많은 사람이 가정에서 좋지 않은 모습의 분노를 접한다. 꾹꾹 눌러놓은 분노가 저녁 식사 때나 한밤중에 부부싸움으로 폭발하는 것을 보면서 자랐을지도 모른다. 이런 시나리오는 건강한 분노 관리법에 관해서는 아무것도 가르쳐주지 못한다. 오히려 분노가 가랑비에 옷 젖듯 스며들어 예기치 못한 순간에 터져 나온다. 다음은 당신에게 도움이 될 만한 분노 조절 전략이다.

어떤 영향을 받았는지 파악한다. 무엇이 분노를 일으키는지 이해하면 분노에서 해방될 수 있다. 주변에는 분노 반응을 일으키는 요인들이 많다. 영화나 뉴스에서 노골적인 폭력 묘사를 지나치게 접하면 분노 반응을 일으킬 수 있다. 수면이 부족하거나 욕구가 충족되지 않아도 분노가 일어난다. 분노 문제로 어려움을 겪고 있다면, 당신의 마음을 감정의 씨앗이 심겨진 정원이라고 생각해보자. 심란한 뉴스나 폭력적 이미지를 과다 복용해 분노와 두려움의 씨앗에 물을 주고 있지는 않은가? 자기돌봄이 부족해 끈기와 이해심의 씨앗에 물을 주는 것을 잊고 있지는 않은가? 어떻게 하면 배려와 평안의 씨앗에 물을 줄 수 있을까?

행동하기 전에 열기를 식힌다. 분노라는 감정은 상처를 받았다는 느낌과 함께 올 때가 있다. 그러면 악감정으로 치닫는다. 나에게 고통을 주었으니 너도 한번 당해봐라. 복수하고 말 테다. 이 꼬리에 꼬리를 무는 악순환은 더 큰 해악만 가져올 뿐이다. 선불교 스승이자 평화운동가인 틱낫한은 분노를 불난 집에 비유했다. "집에 불이 나면 먼저 집으로 돌아가 불을 꺼야지 방화범을 추격해서는 안 된다." 분노에 대한 가장 현명한 대처는 불길에 찬물을 끼얹는 것이다. STOP 기법을 활용하거나 천천히 심호흡하며 느끼는 바를 받아들여라. 들숨에 '난 분노를 경험하고 있어' 날숨에 '난 분노를 경험하고 있어'…. 감정이 다 지나갔다고 느낄 때까지 계속하라.

일방통행식 대화를 피한다. 누군가 나에게 해를 입히면 상상 속의 다툼에서 상대에게 거칠고 적나라한 욕을 내뱉기 쉽다. 하지만 내 마음만 상할 뿐 상대에게는 아무런 영향도 주지 못한다. 해소되지 않는 분노로 고통스러울 뿐이다. 일단 열기를 식히고 현실에서 상대방과 차분하게 대화를 나누면서 왜 당신의 마음이 상했는지 설명해보자.

두려움

두려움은 생각하는 것보다 더 많이 우리의 행동을 좌우한다. 일을 그르치거나 비난을 받거나 수치를 당할 것 같은 두려움 때문에 행동하는 경우가 많다. 두려움을 효과적으로 관리하기 위한 방법 몇 가지를 소개한다.

두려움을 수용한다. 분노와 마찬가지로 두려움이 주는 불쾌감 때문에 우리는 두려움에 저항하거나 몸을 사린다. 하지만 이런 대응은 두려움을 오래 가게 하고 더 크게 키울 뿐이다. 두려움도 지나가버리는 감정이다. 따라서 저항하지 말고 그 감정 그대로 인정하자. 그러면 두려움이라는 감정은 더 빨리 지나갈 것이다.

밖으로 손을 뻗어라. 성인들이 두려움을 피하는 이유는 옷장 속 귀신이 무서워 방구석에 웅크리고 있는 아이가 된 것 같아서다. 두려움은 사람을 무기력하게 만들고 위험과 불안 가운데 있다고 느끼게 한다. 겁먹은 아이에게 관심과 위안이 필요하듯, 두려움에 사로잡힌 성인도 마찬가지다. 두려움이 엄습할 때 누군가에게 손을 뻗어보자. 2장에서 배운 인간관계의 힘을 의지하자.

어린 시절의 트라우마가 지나간 뒤에도 나는 두려움 때문에 밤잠을 설치곤 했다. 침대에서 웅크리고 누워 스스로 보잘것없다고 느끼면서 두려워하는 것이 현실로 나타날까 봐 늘 긴장했다. 오랜 세월이 지난 뒤에야 긴장과 위축이 두려움이라는 악마에게 먹이를 제공한다는 사실을 깨달았다. 분노와 마찬가지로 그저 감정이 지나가도록 내버려두면 두려움은 사라지고 우리는 속박에서 풀려난다. "두려움아, 안녕!" 이런 인사로 두려움을 대하라는 것처럼 유치하게 들릴 수도 있다. 하지만 이렇게 하는 편이 방구석에서 덜덜 떨면서 뇌의 편도체를 활성화시키고 스트레스 반응이 심신의 건강을 좀먹게 하는 것보다 낫다. 두려움은 억지로 밀쳐내지 않고도 다스릴 수 있다. 두려워하는 아이를 감싸 안듯 고통스러워하는 자아를 인정하고 돌봐야 한다.

슬픔

슬픔은 분노나 두려움과는 정반대되는 감정이다. 슬픔은 나를 휩쓸어가기보다는 안으로 밀어 넣는다. 우리는 어려서부터 슬픔과 거리 두는 법을 배워서 알고 있다. 슬픔에 굴복하면 자꾸만 아래로 굴러 떨어질 것이라고 배웠다. 하지만 슬픔도 하나의 감정일 뿐이다. 슬픔은 정상적인 삶에서 경험하는 여러 감정 중 하나다. 슬픔에 반응하는 단순하지만 효과적인 방법을 살펴보자.

슬픔을 느낀다. 슬픔을 멀리 두려고 하면 어떤 일이 벌어질까? 중병 진단을 받고 괴로워하는 사람이나 소중한 사람과 이별하고 슬픔에 빠진 사람에게서 거듭 나타나는 것이 있다. 슬픔을 밀쳐버리면 기쁨을 경험할 능력이 제한된다는 것이다. 슬픔이 소멸되기는커녕 오히려 분노로 표출되기도 한다.

슬픔을 표출한다. 존재의 '두 번째 징표'를 다시 떠올려보자. 모든 것은 변한다. 당연히 슬픔도 지나간다. 슬픈데도 내색하지 않는 것보다는 때로는 시원하게 울음을 터뜨릴 때 도리어 슬픔은 더 큰 평온함을 남기고 떠난다.

감정은 우리가 무방비 상태일 때 발목을 잡는다. 불과 몇 초 전까지만 해도 평정심을 유지하다가도 갑자기 어떤 일로 화가 날 때가 있다. 마치 스위치가 탁 켜진 느낌이다. 기다리고 기다리던 휴가를 떠나기 바로 전날 상사가 추가 업무를 부여한다. 남편이(또는 아내가) 결혼기념일을 잊고 지나쳐버린다. 정성껏 준비한 음식을 자녀들이 안 먹겠다고 한다. 그러면 눈 깜짝 할 사이에 분노 게이지가 솟구친다.

『급진적 긍휼』*Radical Compassion*에서 마음챙김 교육가 타라 브랙 박사는 곤혹스런 감정에 납치당하는 일을 피하고 이를 관리하는 데 유익한 RAIN이라는 기법을 제시한다.

감정을 그대로 받아들이는 법을 배운 적이 없는 우리는 그
저 감정을 밀어내버리기 일쑤다. 그럴수록 감정은 더 끈질
기게 버틴다. RAIN 기법을 훈련해 편안하게 감정을 대하
는 법을 배우자. 힘든 감정이 올라올 때 아래에 제시한 단계
를 따라가보자. 가능하면 조용하고 편안하게 앉을 수 있는
곳을 찾아보자.

R: Recognize. 벌어지고 일을 인정한다. 현재 겪고 있는
　어려움을 떠올려보자. 스스로에게 이렇게 물어보자. '내
　면에서는 무슨 일이 벌어지고 있는가?' '지금 여기에는
　무엇이 있는가?' '무엇이 나의 관심을 필요로 하는가?' 두
　려움이나 슬픔이나 다른 어떤 감정을 느끼든 있는 그대
　로 인정하자.

A: Allow. 경험을 허락한다. 그 경험 때문에 일어나는 감정
　을 있는 그대로 허락할 수 있는지 스스로를 지켜보자. 어
　려운 느낌이 들 수도 있고 감정에 압도당할지 모른다는
　우려가 생길 수도 있다. 당장 판단하고 뜯어고치고 문제
　를 해결하고 싶을 수도 있다. 하지만 당신이 해야 할 일
　은 그냥 지금 상태를 내버려두는 것이다. 나는 안전하고
　무슨 일이든 대처할 수 있다고 스스로에게 되뇌어라. 모

든 감정은 지나간다.

I: Investigate. 관심과 사랑으로 살펴본다. 이제 당신의 몸에서 어떤 일이 벌어지는지 알아본다. 호기심을 가지고 최대한 따뜻하고 부드럽게 자신을 점검하자. 머리끝부터 발끝까지 자신을 천천히 훑어보며 경직되고 긴장한 곳이 있는지, 온기가 감돌고 편안한 곳이 있는지 잘 살펴보자. 무엇이든 긍휼함으로 받아들일 수 있는지 확인하자.

N: Nurture. 마지막으로 자신을 돌보자. 사랑이 넘치는 누군가가 이런 말을 건넨다. "괜찮아. 넌 잘될 거야. 내가 여기 있잖아." 말하는 이는 당신 자신일 수도 있고, 당신이 사랑하는 사람일 수도 있고, 영적 존재일 수도 있다. 자연 풍광이거나 단순히 빛나고 편안한 느낌일 수도 있다. 천천히 심호흡하면서 이 편안함과 돌봄의 느낌을 흡수하자.

이 훈련이 끝난 다음 몸에 어떤 변화가 있는지 살펴보자. 더 차분해진 느낌이 드는가? 바로 일상으로 복귀하지 말고 1~2분 정도 가만히 앉아 쉬면서 이 상태를 온몸으로 흡수하자. 보슬비에 몸이 깨끗이 씻기는 느낌이 들 것이다.

잠시 멈추어가도 좋다

삶이 너무도 빠르게 흘러가고 있다고 느낀 적은 없는가? 따라잡으려고 달리고 달리느라 잠시 멈출 시간 조차 없지 않은가? 현대인의 삶은 수많은 요구와 책임과 문자 메시지로 분주하다. 해야 할 일이 끝없이 밀려든다. 잠깐이라 도 자신을 돌아볼 시간을 가지지 못한 채 24시간 내내 바쁘다. 그래서 나의 감정을 관리할 여유가 없다. 하지만 그동안 밀쳐 낸 감정이 언제 질풍노도처럼 밀어닥칠지 모른다.

'잠시 멈춤'은 효과적으로 자기 자신을 조절해 감정 불균형 상태를 바로잡을 수 있다. 잠깐 세 번 심호흡하는 것만으로도 '리셋reset'하는 데 도움이 된다. 스스로에게 다음과 같이 일깨 워주는 공간을 마련하는 것이다. '해야 할 일이 많고 책임은

막중하지만 지금 나는 괜찮아. 앞으로도 괜찮을 거고 계속 전진할 수 있을 거야. 내게 맡겨진 일을 감당할 수 있어.' 별 것 아닌 것 같지만, 2장에서 살펴본 소소한 교류처럼 삶의 순간순간 잠깐의 쉼을 가지는 것이 나에게 큰 영향을 미친다.

실제로 리더십에서 휴식이 차지하는 비중이 높아지고 있다. 경영학 커리큘럼에 '목적이 있는 잠시 멈춤'이 포함되기도 한다. 마음챙김 리더십 연구소의 창립자인 재니스 마투라노는 기업가가 '목적이 있는 잠시 멈춤'을 일상에 포함시킬 때 좀 더 혁신적으로 변하고 명료해지고 생산성이 향상된다는 점을 주목했다.

잠시 멈춤은 여러 면에서 유익하다. 무슨 일이든 의도적으로 멈추는 것이다. 지금의 사고와 행동을 끊고 그 안에 진짜 무엇이 있는지 돌아보는 것이다. 우리는 무슨 일을 하는지 제대로 의식하지 못한 채 자동 주행 모드로 삶을 운행할 때가 많다. 잠시 멈춤은 자동 주행 모드에서 벗어나 의식을 온전히 깨운다. 의식이 깨어나면 비로소 모든 것이 뚜렷하게 보인다.

중견 제조 회사의 CEO인 아바니는 늘 동분서주했다. 줄줄이 잡혀 있는 미팅에 참석하느라 각 미팅 내용도 제대로 소화하지 못하고 전략도 제대로 짜지 못했다. 3년 전 사업을 시작한 이후로 계속 이런 식으로 일했다. 스트레스가 누적돼 잦은 탈진과 복통을 일으켰고 위궤양도 의심되었다.

결국 아바니는 자신의 일정에 '잠시 멈춤'을 미리 계획해 두었다. 쉬는 시간에는 현재의 순간에 정신을 집중하고 몇 분이라도 자기의 생각과 느낌, 주변 환경에 주목하기로 했다. 얼마 지나지 않아 아바니는 '잠시 멈춤'이 바쁜 근무 일정 중에도 성찰과 판단에 유익하다는 것을 깨달았다. 아울러 평정심을 찾은 아바니는 날마다 잡초처럼 올라오는 압박감에서 벗어날 수 있었다. 미팅과 미팅 사이 시간에 '잠시 멈춤'을 시작했다. 얼마 지나지 않아 스트레스가 줄어들었고 복통도 자취를 감췄다.

아바니처럼 우리도 잠시 멈추고 주변을 돌아보면, 하던 일이 눈에 잘 들어오고 다음에 무슨 일을 해야 할지 잘 파악할 수 있다. 한발 물러나서 멈출 때 나에게 무엇이 중요한지 깨닫고 현재의 순간에 벌어지는 좋은 것을 누리게 된다. '잠시 멈춤'을 통해 일상에서 기쁨과 풍성함을 맛본다.

'잠시 멈춤'을 하려면 아무 때나 멈춰서 몇 번 천천히 심호흡하면 된다. 동네를 한 바퀴 산책하거나 짧은 명상을 하거나 운동을 하거나 취미에 몰두하거나 차를 한잔 마셔도 된다. 정신을 차분하게 가라앉힌 다음 평안하게 성찰할 시간과 공간을 마련하는 것이 중요하다.

'잠시 멈춤'은 유용하다. 어려운 대화나 상황을 앞두고 있거나 힘든 결정을 해야 할 경우, 잠시 시간을 내서 천천히 세 번 심호흡하라. 해야 할 일이 너무 많을 때도 '잠시 멈춤'을 하라. 그 순간의 차분함에 주목하라. 나도 무언가에 압도당하는 느낌이 들 때 '잠시 멈춤'을 수행한다. 그러면 정신이 돌아오고 실제 상황은 감당할 만하다는 깨달음이 생긴다.

'잠시 멈춤'은 대인관계에서 더욱 힘을 발휘한다. 가까운 사람일수록 감정의 방아쇠가 쉽게 당겨지는 경향이 있다. 그런데 가까운 사람이야말로 무절제하게 감정적으로 대응하면 그 대가가 크다. 당신도 가족이나 친구에게 홧김에 독한 말을 내뱉은 적이 있을 것이다. 나도 다른 부모처럼 질풍노도의 사춘기 아들에게 감정적으로 맞불을 놓았던 때가 있다. 하지만 '잠시 멈춤'이 악순환에서 벗어나는 데 결정적인 역할을 해주었다. 나와 아들은 존중과 신뢰의 관계를 쌓으면서 엄청난 유익을 누렸다.

잠시 멈추고 하던 일에서 빠져나오는 것이 상대적으로 쉬울 때가 있다. 하지만 우리의 사고, 감정, 행동의 패턴이 너무 깊게 고정되어 있어 '잠시 멈춤'이 어려운 경우가 더 많다. '잠시 멈춤'이 어렵거나 일상의 업무에서 좀 더 잘 벗어나고 싶다면 다음 훈련을 시도해보자.

회복탄력성 훈련: 마음챙김 명상

일상이 분주할 때 '잠시 멈춤'을 수행하기 위한 방법 중 하나는 짧은 명상이다. 5~15분 정도 시간을 낼 수 있다면, 마음챙김 명상을 통해 현재의 순간에 집중하고 마음을 차분히 가라앉히고 감정에 휘둘리지 않을 수 있다. 그래서 모든 상황에 대처할 때 어떤 선택권이 있는지 명료하게 파악할 수 있다.

1. 편안한 자세로 의자나 소파나 바닥에 앉는다. 양손을 편하게 무릎 위에 올려놓는다. 어깨에 힘을 빼고 이맛살을 편다. 눈 주위에도 긴장을 푼다.

2. 평상시와 다르게 호흡하는 것이 아니라, 단지 숨에 연결

되어서 호흡에 주목한다. 한 번에 한 호흡씩, 숨의 감각을 느낀다. 한 번의 호흡이 끝나면 다음 호흡이 시작될 때의 감각에 주목한다.

3. 호흡에 계속 집중한다. 마음이 분산되면 집중력이 떨어진다. 머릿속에서 내면의 목소리로 '잡생각을 하는구나' '방황하고 있구나'라고 나지막이 귓속말을 한다. 그다음 다시 조용히 호흡에 집중한다. 생각을 억누르거나 판단하지 말고 생각이 스르르 사라지게 한다. 만일 머릿속에 일에 대한 염려가 가득하다면 한 걸음씩만 내딛으면 된다고 스스로에게 일깨우라. 이것이 전부다. 단 한 걸음.

4. 조용히 앉아 5분간 호흡에 집중한다. 명상이 끝나면 반드시 훈련을 끝낸 자신에게 감사와 칭찬을 표현한다.

- 주어지는 상황을 통제할 수는 없지만 어떻게 반응할지는 선택할 수 있다.

- 영화나 뉴스의 노골적인 폭력 묘사, 수면 부족이나 욕구 불만이 분노의 원인이 될 수 있다.

- 비난과 수치심에 대한 두려움 때문에 훗날 후회할 언행을 하는 경우가 많다.

- 두려움에 사로잡히면 귀신이 무서워 방구석에 웅크리고 있는 무기력한 아이처럼 된다. 두려움에 대한 해독제는 인간관계와 위안과 공감이다.

- RAIN 훈련은 불편한 감정과 공존할 수 있는 역량을 키워 어떤 시련도 스스로 극복하게 만든다.

- '잠시 멈춤'은 스트레스가 심한 날에 평온함을 주고 정신을 명료하게 한다.

- 천천히 심호흡하기, 동네 한 바퀴 산책하기, 짧은 명상, 운동, 취미, 티타임 등으로도 '잠시 멈춤'을 수행할 수 있다.

6장

긍정성
Positivity

긍정적 감정과 낙관주의는 얼굴 표정만 바꾸는 것이 아니라 심신의 건강을 증진하고 회복탄력성을 높여준다. 전통적으로 심리학은 인간의 결함이나 병리 현상에만 지나치게 집중해 정신병의 치료법 개발에 몰두했다. 하지만 최근 심리학자들은 개인의 강점과 재능이 성공에 미치는 영향에 뒤늦게나마 관심을 쏟고 있다. 긍정성이 몸과 마음에 다양한 유익을 준다는 증거들이 속속 등장하고 있다.

01 긍정성을 키우려면

지난 수십 년 동안 심리학계는 인간 본성에 접근하는 방식이 획기적으로 변했다. 1990년대 마틴 셀리그먼 박사는 기존 심리학 이론의 결함을 재조명하며 인간 행동 연구에 새롭게 접근했다. 그동안 연구자들은 인간이 잘하지 못하는 부분만 집중하고 잘하는 부분에는 거의 관심을 두지 않았다. 이는 부족함에 집중해야 비로소 온전함으로 갈 수 있다는 신념을 조장했다.

사실은 정반대다. 셀리그먼의 기치를 따라 '긍정심리학'이라는 새로운 학문이 떠올랐다. 여러 연구를 통해 최적의 인간 기능을 이해하려면 강점을 살펴보는 것이 매우 중요하다는 사실이 밝혀졌다. 실제로 일상에서도 자신의 약점이나 부족함에 지나치게 초점을 맞추는 사람들이 많다. 그래야 개선을 위한 동기가 유발된다는 믿음을 가지고 있기 때문이다. 하지만 정말 그럴까? 간단한 실험을 하나 해보자.

당신이 해야 할 일 중 부담스러운 일 하나를 떠올린다. 그리고 이 일을 감당하기에는 내가 역부족이라는 생각을 다음과 같이 언어로 표현해본다.

- 나는 이 일을 잘 못해.
- 다른 사람들이 나보다 이 일을 훨씬 잘할 거야.
- 나는 결코 이 일을 끝마치지 못할 거야.

이제 이 일을 완수하고 싶다는 동기의 수준을 0(동기가 전혀 없음)에서 10(동기가 매우 높음)까지 점수를 매겨보자.

이번에는 왜 당신이 이 일의 적임자인지 근거를 들면서 나 자신을 인정하는 메시지를 들려준다.

- 나는 이런 일을 아주 잘해.
- 나는 일을 조금 미루기는 해도 항상 끝까지 마치지.
- 나는 이 일을 하는 데 필요한 기술과 강점을 가지고 있어.

동기의 수준을 다시 평가하고 점수가 더 올라갔는지 내려갔는지 확인해보자.

대부분의 사람들은 후자의 접근 방식에서 일할 동기가 더 생긴다. 자신의 강점과 재능에 집중하는 것이 더 효과적인 동기부여 방식이다. 잘하지 못하는 부분에 집중할수록 더 어렵게 느껴지고 잘하는 부분에 집중할수록 자신감과 힘을 얻는다.

지금까지 긍정성과 성공의 상관관계를 연구해 내놓은 출간물은 500여 건에 달한다. 긍정성은 성공을 위한 동기부여 그 이상의 효과를 가져온다. 긍정적 감정은 신체 건강 면에서 면역 기능 증진, 코르티솔 등 스트레스 호르몬 감소, 스트레스성 염증 반응 감소, 감기 바이러스에 대한 저항력 증가 등의 효과가 있는 것으로 나타났다. 정신 건강 면에서는 자신감을 바탕으로 상황에 효과적으로 대처하고 사회성과 자기 효능감을 향상시켜 목표를 향해 정진하게 만든다.

긍정성은 회복탄력성을 높여준다. 단순히 얼굴에 미소를 띠고 골치 아픈 감정을 보이지 않는 곳에 밀어 넣는 것이 아니다. 오히려 참된 긍정성은 오르락내리락하는 감정 기복에 균형을 맞추는 역할을 한다.

'침체'되어 있다고 할 때는 대부분 부정적 감정, 즉 두려움, 불안, 분노, 비통, 슬픔 등을 생각한다. 물론 부정적 감정도 쓸모가 있다. 불안은 우리의 문제 해결 능력을 향상시킬 수 있다. 두려움은 위험을 경계하도록 한다. 분노는 불의에 민감하게 깨어 있게 한다. 비통은 우리가 타인과 연결된 존재임을 일깨운다. 슬픔은 우리에게 무엇이 중요한지 깨닫게 한다. 5장에서 살펴보았듯이 회복탄력성은 자기조절능력에 달려 있다. 자기조절은 모든 감정에 제자리를 허용하고 어떤 감정도 밀쳐내지 않는 것이다. 부정적 감정은 밀쳐낼수록 기어코 돌아와 우리의 시야를 흐린다.

긍정성은 부정적인 감정을 억제하거나 부인하는 것이 아니다. 사랑, 기쁨, 희망, 감사와 같은 긍정적 감정을 추구하는 것이다. 긍정적 감정은 '휴식과 소화의 체계(the rest and digest system, 부교감신경계를 달리 부르는 말—편집자)'를 활성화시키고 건강과 안위와 인지력을 상승시킨다. 그래서 우리의 관심과 생각의 폭을 확장해 창의성, 유연성, 포용성, 문제 해결 능력을 향상시킨다. 이른바 '확장과 수립 이론broaden and build theory'은 긍정적 상태가 스트레스 대처에 유익한 이유를 설명한다.

식습관과 운동의 중요성을 알면 더 건강한 선택에 도움이 되듯이, 우리에게 미치는 긍정성의 역할을 이해하면 더 건강한 상태에 도달하는 데 도움이 된다.

모니카는 오랫동안 불안 문제로 힘들어했다. 어릴 때 월세를 내기도 힘든 가정에서 자라며 여러 번 이사를 다녀야 했다. 성장기에 겪은 불안이 인생에서 무언가 결정을 내리는데 영향을 미쳤다. 그 결정 중에는 스스로 사회 부적응자라고 느껴 고등학교를 중퇴한 것도 포함된다. 구직 활동 중이던 그녀는 두려움, 후회, 미래에 대한 염려로 정신이 나날이 피폐해져갔다.

모니카를 상담하던 직업 상담사는 과도한 불안감을 보고는 긍정적인 관점을 갖는 것이 세상을 살아가는 데 도움이 된다고 조언했다. 그 후 모니카는 매일 하루를 시작할 때 감사 제목을 기록했고, 하루에 적어도 한 가지의 경험을 돌아보는 시간을 가졌다. 수개월이 흘러 두려움과 염려에서 벗어나 긍정적인 일에 초점을 맞추기 시작했다. 마침내 모니카는 면접관에게 좋은 인상을 심어주어 평소 가고 싶었던 안정적인 직장에 들어갈 수 있었다.

모니카처럼 당신도 감사의 힘을 통해 좀 더 긍정적인 세계관을 가질 수 있다.

회복탄력성 훈련: 감사를 통한 긍정성 키우기

긍정성을 키운다고 일상 속의 장애물이 사라지는 건 아니다. 하지만 회복탄력성이 높아져 크고 작은 도전을 극복할 수 있다. 긍정적 감정은 몸과 마음에 유익하다. 인생에 닥치는 어떤 문제나 어려움을 극복하겠다는 투지도 강해진다. 감사하는 마음은 긍정적 감정과 연결되는 강력한 전략 중 하나다.

이 훈련을 수행하기 위해 힘든 시절 나를 도와준 은인을 잠시 동안 생각해보자. 선생님, 멘토, 친구 등 나에게 도움을 제공한 사람이면 누구라도 좋다.

이제 그 사람에게 짧은 편지를 써보자. 당신을 도운 일이 어떤 영향을 미쳤는지 최대한 구체적으로 표현한다. 지금 마주하고 있는 역경을 설명하고 과거의 도움이 현재의 역경을 극복하는 데 어떻게 힘이 되고 있는지 전한다. 완벽한 표현을 찾거나 맞춤법에 신경 쓰지 않아도 된다. 여기서 중요한 건 그런 게 아니다.

편지를 낭독하며 감사를 경험할 때 어떤 느낌이 드는지 주목하자. 신체 감각의 긍정적 변화가 있다면 집중한다. 얼굴이나 몸에 온기가 감도는가? 긴장이 풀어지는가?

편안한 느낌이 들면 상대방을 만나 감사의 마음을 전하자. 편지만 발송해도 좋다. 사실 둘 다 하지 않아도 된다. 그저 편지를 쓰는 것만으로도 회복탄력성을 높이는 긍정적 감정을 제공받을 수 있다.

어떤 일로 스트레스를 받을 때마다 감사에 몰입하는 훈련을 실행해보자.

02 　내면 비판자에게 맞서기

　　　　인간은 '부정 편향'이라는 것으로 고통을 받는다. 부정적 생각과 경험은 우리의 정신에 쉽게 들러붙고, 긍정적 생각과 경험은 쉽게 미끄러진다. 인간의 정신은 부정적인 것에 치우쳐 있다. 신경과학 연구는 인간의 뇌가 긍정적 사건보다 부정적 사건에 더 예민하게 반응한다는 사실을 입증했다. 1장에서 살펴본 스트레스에 대한 반응처럼 이는 진화적 현상으로 보인다. 먼 조상들에게 위험을 판단하는 일은 생사가 걸린 문제였다. 그렇다면 현대인에게 부정 편향은 어떤 양상으로 나타날까?

　　안타깝게도 스트레스 반응과 비슷하게 부정 편향도 쓸데없이 고도의 경계태세를 취하게 한다. 우리는 망신을 곱씹고 실수에 집착하고 잘되는 것보다 안 되는 것에 촉각을 곤두세운다. 부정 편향은 인간관계에서도 칭찬보다 비난에 주목하게 하고 좋은 소식보다 나쁜 소식을 선호하게 만든다. 이처럼 우리는 부정적인 경향을 갖기 쉬운 존재이므로 긍정성을 함양하기 위해 다음 몇 가지 사항을 명심해야 한다.

부정성은 하나의 힘이다. 부정성이나 부정적 감정은 단순히 긍정성의 부재가 아니다. 부정성은 그 자체로 생명력을 지닌 힘이다. 누군가 뾰로통한 표정을 짓거나 직장에서 사소한 실수를 저지르거나 교통 체증으로 몇 분간 지체되는 등 사소한 사건에도 우리는 금세 자신과 세상이 대단히 잘못된 방향으로 가고 있다는 느낌에 휩싸인다. 부정적 생각은 꼬리에 꼬리를 물고 이어져 과거를 후회하거나 스스로 무가치하다고 판단하거나 모든 걸 남 탓으로 돌린다. 시간이 지날수록 이 쳇바퀴는 눈덩이처럼 불어나며 힘을 얻는다.

ㄴ **긍정적 반응:** 부정성이 고개를 들 때마다 마음챙김 명상을 활용해 부정적 생각을 떠나보내자.

타인에게 부정성이 전염될 수 있다. 부정성은 바이러스처럼 사람에게서 사람에게로 전파될 수 있다. 다른 누군가의 말이나 행동 때문에 내가 부정성에 휩쓸릴 때가 있다. 가령, 회사에서 상사나 동료에 대한 '뒷담화'는 사람들을 빨아들이는 부정성의 회오리가 되기도 한다.

ㄴ **긍정적 반응:** 부정성을 긍정적인 방향으로 전환시키기 어렵다면 부정성이 뿌리 내리기 전에 자리를 옮긴다.

부정성은 신체 건강에 나쁘다. 우리는 긍정적 감정이 어떻게 건강을 증진시키는지 살펴보았다. 분노와 두려움 같은 부정적 감정은 면역계와 건강 전반에 정반대의 효과를 일으킨다. 5분만 혈기를 내도 스트레스 호르몬이 분비되어 심장 맥박이 빨라지고 혈압이 올라간다.

ㄴ **긍정적 반응:** 앞서 제이크의 사례처럼 부정적 감정에 사로잡힐 때 호흡이 얕아지고 얼굴이 화끈거리고 온몸이 경직되는 몸의 신호를 주목하자. 심호흡이나 산책, 명상을 통해 평정심을 되찾을 수 있다.

내면 비판자의 목소리

부정적 생각을 일으키는 데 가장 문제가 되는 것은 '내면 비판자'다. 누구나 이 머릿속 목소리를 경험한다. 내면 비판자는 다음과 같이 나의 언행을 평가하고 지적하고 모욕하기 바쁘다.

- 너는 그 일을 할 만큼 똑똑하지 않아.
- 도대체 왜 그런 말을 한 거야?
- 너는 절대 사람 구실 못할 거야.
- 너는 완전 사기꾼이야.
- 너는 그 일을 망칠 거야. 항상 그러잖아.

내면 비판자는 오랜 세월 부모, 교사, 형제, 코치 등 타인으로부터 들은 비판의 목소리가 층층이 쌓여 고통스런 합창이 된 것이다. 시간이 흐르면서 이 목소리가 익숙해져 나의 목소리라고 착각한다. 내가 당한 학대와 그로 인한 수치심으로 나 자신이 대단히 잘못되었고 인간 이하의 존재라는 내면의 목소리를 키웠다. 이 가혹한 목소리는 걸음걸이부터 언행, 외모를 좌지우지하고 무수한 방식으로 나를 옥죄었다.

하지만 내면 비판자의 목소리는 나의 실체를 제대로 반영하지 못한다. 내면 비판자의 메시지는 부정확한 장면들을 자기 멋대로 짜깁기한 것이다. 따라서 나 자신에 관한 온전한 서사라고 할 수 없다. 내면 비판자는 인생의 또 다른 부분인 온유, 배려, 아량, 선의의 순간을 외면한다. 이 목소리는 너무 위력적이어서 마음챙김 교육자 타라 브랙 박사가 말한 '무가치성의 최면trance of unworthiness' 상태로 우리를 몰아넣는다. 내면 비판자가 지배하도록 내버려두면 스스로를 부족하고 무가치하고 무능하고 실망스러운 존재로 여기며 배려를 받을 자격이 없다고 믿게 된다.

아무리 이 비판이 권위 있어 보여도 참된 실체를 반영하지는 못한다. 긍정성이 커지고 회복탄력성이 높아지려면 내면 비판자를 약하게 만들어야 한다. 내면 비판자의 실체는 거짓임을 간파해야 그의 지배에서 벗어나 자유를 얻는다. 그런 의미에서 마음챙김이 큰 도움이 될 수 있다. 지금 이 순간에 초점을 맞추고 내면세계에서 실제로 일어나는 일에 관심을 기울이면 진실과는 동떨어진 내면 비판자의 실체를 알게 된다. 물론 우리는 완전한 존재는 아니지만 내면 비판자가 비난하는 것보다는 덜 불완전한 존재라는 사실을 점차 또렷하게 볼 수 있다.

회복탄력성 훈련: 내면 비판자 관리하기

나 자신과 내가 처한 상황, 주변 사람들에 대한 부정적 생각은 스스로를 지치게 한다. 회복탄력성을 떨어뜨려 인생의 역경을 대처하지 못하게 만든다. 이제 아래의 훈련을 활용해 내면의 부정적인 목소리로부터 벗어나자.

방해받지 않고 글을 쓸 수 있는 장소에 편하게 앉는다. 노트에 다음 질문에 대한 답을 기록한다.

1. 평상시 자신에 대한 부정적인 메시지를 적는다.

2. 스스로에게 다음과 같이 물어보자.
   - 이 메시지는 진실인가?
   - 어떻게 이 메시지가 진실 또는 거짓인지 아는가?

3. 비판적인 메시지를 들을 때 어떤 느낌이 드는지 주목한다. 당신이 느끼는 모든 기분을 아래와 같이 적어보자.

가라앉다	활기차다
슬프다	행복하다
걱정되다	자유롭다

4. 비판적 메시지를 접하면 몸은 다음 중 어떤 느낌을 갖는

가? 이외에도 당신의 느낌을 아래와 같이 적어보자.

무겁다   가볍다

고갈되다   원기 왕성하다

5. 이제 부정적 메시지를 반박해보자. 적어도 하나의 반론을 아래와 같은 형식으로 적는다.

내면 비판자의 메시지가 틀린 이유는 ~이다.

예컨대, "나는 주의가 산만해"라는 메시지에 대해 이렇게 반론을 펼칠 수 있다. "내면 비판자의 메시지가 틀린 이유는 내가 친구들의 생일을 빠짐없이 기억하고 카드나 선물을 보낸다는 것이다."

6. 당신이 기록한 반론을 다시 읽어보자. 기분이나 몸의 느낌에 어떤 변화가 있는가? 전후의 차이점을 묘사해보자.

이번 주에 내면 비판자가 활동하는 현장을 유심히 살펴보자. 부정적인 목소리를 감지할 때 어떤 느낌이 드는지 주목하고, 그 메시지가 옳은지 따져보자. 어떤 방식으로든 부정적 메시지를 반박하는 시간을 갖는다. 그러면 스스로를 관대하고 현실적인 시선으로 바라볼 수 있다.

03 낙관주의자는
모든 난관 속에서 기회를 포착한다

'낙관주의optimism'라는 단어는 최고를 뜻하는 라틴어 '옵티머스optimus'에서 유래한다. 낙관주의자는 매사에 최선을 찾고 실제로 그 일이 일어나길 기대한다. 반면, 비관주의자는 매사에 최악만 보고 나쁜 결과가 일어날 확률이 가장 높다고 확신한다. 낙관주의자는 가능성에 주목한다면 비관주의자는 막다른 길에 주목한다. 낙관주의자는 모든 난관 속에 있는 기회를 포착하지만, 비관주의자는 모든 기회 속에 있는 난관만 응시한다.

낙관주의가 회복탄력성에 좋다는 사실은 논란의 여지가 없다. 긍정적 감정과 마찬가지로 낙관주의도 몸을 건강하게 만들고 인생을 성공으로 이끈다. 7만여 명의 간호사를 대상으로 조사한 결과, 낙관주의가 강할수록 암이나 심장 질환, 뇌졸중 등으로 사망할 확률이 현저히 낮았다. 심장 질환 가족력이 있는 사람들 가운데 긍정적 관점을 가진 사람의 심장마비 발생률이 부정적 관점을 가진 사람에 비해 3분의 1 정도 낮다는 연구 결과도 있다. 낙관적인 사람이 비관적인 사람에 비해 심장마비나 기타 심혈관계 발병률도 13퍼센트 정도 낮았다. 낙관주의는 시험 성적, 보험 설계사의 매출 실적, 운동선수의 부상 회복 속도와도 비례한다고 알려졌다.

낙관주의에 관한 비유 중 물로 반쯤 채워진(또는 비워진) 유리잔 이야기가 자주 등장한다. 『행복의 이익』*Happiness Advantage*에서 저자 숀 어쿼는 유리잔이 물로 반쯤 채워지거나 비워진 것보다는 유리잔에 물을 채울 주전자가 있다는 것이 중요하다고 말했다. 그 주전자가 바로 회복탄력성이다. 긍정심리학에 따르면, 우리가 낙관적인지 비관적인지는 자기 스스로에게 상황을 설명하는 방식에 따라 결정된다. 두 사람이 같은 상황을 경험하더라도 (예를 들면, 직장에서 프레젠테이션 후 부정적 피드백을 받는 경우) 낙관주의자와 비관주의자는 각자 스스로에게 전혀 다른 설명을 한다.

첫째, 낙관주의자는 모든 상황은 한 순간에 지나간다고 생각하면서 "다음번에는 더 잘할 거야"라고 말한다. 비관주의자는 좀 더 확정적인 설명을 선호하는데, 가령 "난 진짜 프레젠테이션을 못해"라고 말한다. 둘째, 낙관주의자는 "난 이런 종류의 일은 잘 못해"라고 말하며 스스로의 한계를 인정한다. 하지만 비관주의자는 자기비판을 일반화하면서 "난 별로 똑똑하지 않아"라고 결론을 내린다. 셋째, 낙관주의자는 자신이 통제할 수 없는 요인을 인정하는 반면, 비관주의자는 결과를 가지고 자신을 비난한다. 그래서 낙관주의자는 "준비할 시간이 충분하지 못했어"라고 말하는 반면, 비관주의자는 '나 빼고 모든 사람이 잘해. 내 문제는 무엇일까?'라고 단정한다.

낙관주의든 비관주의든 설명하는 방식이 세상을 인식하고 스트레스에 반응하는 데 확실히 영향을 미친다. 낙관주의의 렌즈를 끼면 다양한 문제 해결 전략을 구사하며 희망적인 결과를 기대할 수 있다. 비관주의의 렌즈를 끼면 시야를 좁게 만들고 선택지가 제한된 느낌을 갖게 한다. 극단적인 경우 비관주의자는 가능성이 있어도 개선될 수 없다고 믿는 이른바 '학습된 무기력'에 갇히고 만다. 그러나 낙관주의자는 자기 연민, 원망, 문제 회피에서 벗어나 난관을 정면으로 돌파한다.

당신은 낙관주의자인가, 비관주의자인가? 어느 성향에 더 가까운가? 당신은 사고방식을 바꿀 수 없다고 생각할지 모르지만, 누구나 학습을 통해 비관주의에서 낙관주의로 전환할 수 있다. 우리의 마음은 정원과도 같다. 부정성과 긍정성 중 어느 씨앗에 물을 줄지 스스로 선택할 수 있다. 상황이 계속 나빠질 것이라고 믿으면 두려움과 걱정이 더 깊게 뿌리내릴 것이다. 주어진 상황에 감사하고 앞으로 잘될 것이라고 믿으면 낙관주의가 쑥쑥 자라날 것이다.

회복탄력성 훈련: 마법의 월요일

지금까지 긍정적 감정과 낙관주의의 중요성을 살펴보았다. 인간의 마음은 대체로 부정성으로 기울어져 있어 우리 가운데는 부정성에 익숙한 사람이 많다. 아래의 훈련은 어려운 상황에서도 긍정성에 집중하면 어떤 유익을 주는지 잘 보여준다.

1. 방해받지 않는 장소를 찾아 조용히 앉는다. 눈을 감고 편안한 상태에서 일주일의 직장 근무가 시작되는 월요일 루틴을 상상한다(계속 직장을 예로 들겠지만 자신의 생활에 맞는

상황으로 대체해도 상관없다).

2. 돌아오는 월요일을 상상해보자. 평소처럼 일터로 가서 동료들을 만나고 업무를 처리할 것이다. 달라진 점이 있다면 하루 종일 나 자신과 타인을 대하거나 모든 업무를 처리할 때 긍정성에 초점을 맞추는 것이다.

3. 출근길부터 시작하자. 머릿속으로 직장으로 가는 출근길을 떠올린다. 긍정성에 초점을 맞추면 무엇이 다르게 보이는가? 평상시처럼 교통 체증으로 차 안에 갇혀 있을지도 모른다. 하지만 짜증을 내는 대신 주변 차 안의 사람들을 돌아보면서 저들의 삶은 어떨지 호기심을 가져본다.

4. 이제 직장에 도착했다. 당신이 일하는 공간이나 복도에서 마주치는 사람들, 함께 일하는 동료들을 모두 떠올려보자. 평소처럼 행동하되 긍정성에 초점을 맞춰 자신과 타인을 바라본다. 긍정적인 관점이 업무를 처리하거나 사람들과 대화를 나눌 때, 또는 무언가를 선택할 때 어떤 영향을 미치는가? 당신은 평상시에는 눈길도 주지 않던 사람에게 미소를 짓거나 대화를 시도할지도 모른다.

5. 퇴근 시간이다. 퇴근길에서 만나는 사람들을 떠올려보자. 주유소나 마트에 들를 수도 있고 동료와 함께 버스나

지하철을 탈 수도 있다. 사람들과 어떤 대화를 나누는가? 긍정적인 관점에서 집에 들어가는 자신을 상상한다. 가족들과 어떻게 인사하고 상호작용할지 생각해보자. 이때 마음속에 드는 느낌을 흡수한다. 훈련의 마무리는 오늘 하루를 긍정적으로 돌아보면서 잠자리에 드는 장면을 상상하는 것이다. 졸음이 밀려올 때 기분은 어떤가? 수면의 질이 달라진 것을 느끼는가?

평소 직장에 갈 때와 달라진 점이 있는가? 만약 달라진 점이 있다면 노트에 기록해두자.

- 심리학계는 오랫동안 인간의 결함에 집중했지만, 최근 들어 인간의 강점과 긍정성을 강조한다. 인간이 최적의 기능을 하는 데 긍정성이 결정적인 요소라는 인식이 확산되고 있다.

- 긍정적 감정은 문제 해결 능력, 창의성, 심신의 건강 증진에 유익하다.

- 부정성은 단지 긍정성의 부재가 아니다. 아무리 사소한 부정적 요인도 추진력을 얻어 우리를 압도할 수 있다. 타인의 부정성이 내 감정의 방아쇠를 당길 수도 있다.

- 말과 생각과 행동을 판단하는 가혹한 내면 비판자 때문에 많은 사람이 고통받고 있다. 하지만 내면 비판자의 메시지가 진실을 담고 있는 경우는 거의 없다.

- 긍정성 훈련을 통해 내면 비판자의 입을 틀어막고 나의 강점과 재능을 뚜렷하게 볼 수 있다.

- 낙관주의자와 비관주의자의 차이는 자기 자신에게 상황이나 사물을 설명하는 방식에 달려 있다.

- 낙관주의적으로 설명하는 방식으로 바꾸면 자신의 마음을 통제할 수 있다.

7장

자기돌봄
Self-Care

스스로 정신적, 육체적, 감정적, 영적 안녕을 챙기지 않으면 누가 그 일을 할까? 놀랍게도 대다수의 사람이 자기돌봄을 우선순위로 삼지 않는다. 실제로 삶이 분주하면 가장 먼저 우선순위에서 탈락하는 것이 자기돌봄이다. 자신을 돌보지 않으면 연료 없이 달리게 되고 급기야는 회복탄력성이 고갈된다. 이번 수업에서는 우리가 자기돌봄을 소홀히 여기는 이유를 살펴보고, 스스로의 안녕을 돌아봄으로써 회복탄력성을 재충전하는 방법을 모색할 것이다.

01 　자기돌봄능력을 키우려면

　　　　　당연한 말이지만, 자기돌봄은 회복탄력성을 높이는 데 꼭 필요한 전략이다. 몸과 마음이 건강할수록 스트레스나 장애물을 잘 견뎌낼 수 있다. 하지만 우리는 자기돌봄을 뒷전으로 밀어내버리기 일쑤다. 건강한 밥상을 차릴 시간적 여유가 없다고 말한다. 잠을 더 자는 건 자기탐닉이라고 말한다. 스트레칭이나 운동보다 더 중요한 일이 많다고 말한다. 너무 많은 의무와 책임 앞에서, 너무 많은 해야 할 일과 하고 싶은 일 앞에서, 우리는 습관적으로 자기돌봄을 잊어버린다.

　그래서 비싼 대가를 치르고야 만다. 타인을 돌아보지 못하고, 자신은 번아웃 되고, 우울증으로 침체되고, 생산성은 저하된다. 연료 없이 달릴 때 어떤 일이 벌어지는지 생각해보자.

기분이 가라앉지 않는가? 업무의 효율성이 떨어지지 않는가?

한결같이 자기돌봄을 우선순위로 삼으려면 몇 가지 잘못된 믿음을 버려야 한다. 여기서는 세 가지 잘못된 믿음을 소개한다.

다른 우선순위가 있잖아. 맞다. 당신은 바쁘고 맡은 일도 많다. 어릴 때부터 더 많이 희생할수록 더 많이 성공한다는 신념을 가지고 자랐다. 하지만 몸과 마음을 돌보지 않으면 결국 에너지는 고갈되고 만다. 회복탄력성이 약해지면 목표 달성과 임무 완수는 더욱 어려워진다. 반대로 스스로에게 투자하면 그만큼 다른 우선순위들도 수월하게 감당할 수 있다.

난 그만한 가치가 없어. 자존감이 낮은 사람은 타인보다 자신이 덜 중요하다고 생각해 스스로를 잘 돌보지 않는다. 그러면 악순환에 빠질 수 있다. 자기를 돌보지 않으면 몸과 마음이 힘들어지고, 그 탓을 다시 자신에게 돌리며 자존감은 더 낮아진다. 하지만 선순환으로 바꾸면 현실의 판도가 달라진다. 자기를 돌볼수록 스스로를 가치 있다고 느끼며 자기를 더 돌보게 된다. 자신을 비난하지 않고 사랑하는 것이 회복탄력성을 높인다는 원리와 일맥상통한다.

난 너무 바빠. 자기돌봄을 우선순위에 넣고 싶어도 이미 해야 할 목록이 너무 많다. 자기돌봄의 시간을 확보하려면 여러 요구 사항 중 일부는 걸러내야 한다. 당신이 반드시 해야 하는 일을 하나하나 검토하며 타당한 이유가 있는지 자문해보자. 그중 몇 가지는 포기해도 괜찮을 것이다.

자기돌봄은 나만을 위한 일이 아니다. 나를 돌볼 줄 알면 타인을 돌볼 수 있고 맡겨진 책임도 잘 완수할 수 있다. 보육 근로자, 트라우마 치료사, 의사, 간호사 등 타인을 돌보는 이들에게 자기돌봄은 스트레스를 감소하고 최상의 컨디션을 유지하는 데 도움을 준다. 나부터 산소마스크를 착용한 다음 다른 사람의 산소마스크 착용을 도우라는 항공 안전 지침을 들어봤을 것이다. 자기돌봄의 중요성을 잘 보여주는 비유다. 자기돌봄은 어떤 특정한 활동일 수도 있고 그냥 좋은 책을 읽거나 낮잠을 자는 등 비생산적인 시간을 보내는 것일 수도 있다.

다음 이야기는 자기돌봄을 우선순위로 둘 때 더 좋은 결과가 온다는 것을 보여준다.

아시아계 미국인 여성인 미미는 정신병을 앓는 어머니와 함께 성장기를 보냈다. 미미는 어머니의 망상의 표적이 되었고, 자신을 돌보기도 벅찬 나이에 어머니의 보호자 역할까지 감당해야 했다. 이 압박감으로 미미는 십 대 때 심각한 우울증을 겪었고 자살을 기도하다가 병원에 입원하기도 했다.

훗날 그녀는 신뢰할 만한 치료사를 만나 상담 치료를 받았고 우울증을 완화할 약도 찾아냈다. 스스로를 챙기는 일에 많은 시간과 에너지를 투여했다. 자기를 돌보는 능력을 계발한 덕분에 가족의 정신병 유산으로부터 벗어날 수 있었다. 성인이 된 미미는 우울증으로 고통받는 아시아계 미국인 여성의 권익을 위해 자살 방지 단체의 대중 강연자로 활동하고 있다. 이 일을 통해 삶의 의미와 목적을 갖게 되었고 회복탄력성이 높아져 자기돌봄에 더욱 충실해졌다.

이처럼 중요한 자기돌봄을 이제는 실천에 옮길 시간이다. 당신에게 자기돌봄의 시작점이 될 훈련을 소개한다.

자기돌봄은 단 한 가지 방법만 있는 것이 아니다. 각자에게 맞는 방식으로 심신을 재충전할 수 있다. 여기서 제시하는 자기돌봄은 어디에 에너지를 쓸지 선택하는 데 도움이 된다. 아래 질문에 대한 답을 노트에 적어보자.

1. 방해받지 않고 글을 쓸 수 있는 장소에 편하게 앉는다. 지금 당신의 삶에서 진행되고 있는 일을 떠올린다. 가장 분주할 때와 속도를 늦추고 숨 돌릴 여유가 있을 때를 떠올려보자.

2. 아래의 질문에 답을 적어보자.
   - 당신의 삶에서 작지만 힘이 되고 견고한 느낌을 주는 것은 무엇인가?
   - 무엇이 당신에게 자양분이 되는가?
   - 무엇이 당신에게 위안이 되는가?

   만약 답이 쉽게 떠오르지 않는다면 아래의 예시를 참고하자. 마음에 와 닿는 것이 있는가? 다른 목록을 추가해도 좋다.

   예시:
   - 뜨거운 물로 목욕하기
   - 운동하기

- 친구나 가족과 시간 함께하기
- 좋아하는 음악 감상하기
- 독서하기
- 산책하기
- 야외에서 자연과 만나기
- 따듯한 차 마시기

3. 에너지와 위안을 얻는 활동 중 지금 하고 있거나 하지 않는 것을 점검한다. 최소한 세 가지 활동을 찾아보자.

예시:
- 비슷한 어려움을 가진 사람들의 지지 그룹 들어가기
- 펑펑 울기
- 관심 있는 주제에 관한 강의나 워크숍 참석하기
- 후회하는 일에 대해 자신을 용서하기
- 새로운(또는 기존의) 취미 생활 즐기기
- 정원 가꾸기

4. 자기돌봄을 위해 포기하거나 줄여야 할 활동이 무엇인지 점검한다. 최소한 세 가지를 찾아보자.

예시:
- 심란한 뉴스를 반복적으로 시청하거나 읽기

- 부정적인 사람들과 시간 보내기
- 힘든 감정이나 고독을 피하기 위해 TV, SNS, 인터넷
  에 몰두하기
- 감정적인 고통을 피하기 위해 약물에 의존하기

5. 당신이 취합한 활동 목록을 검토한다. 각 목록을 실행하
거나 실행하지 않기 위해 어떻게 할지 적어보자.

예시:
- 매일 아침 휴대전화를 끈 상태에서 10분간 차를 만들고
  음미한다.
- 토요일 오전 쇼핑몰에 가는 대신 공원에서 시간을 보낸다.
- 다음 달에 시작하는 강의가 있는지 문화센터 홈페이지
  를 확인한다.

이 훈련을 마친 뒤 당신의 일정에 새로운 활동을 추가한다.
이 활동이 루틴이 될 때까지 달력에 시간을 확보하거나 알
람을 미리 설정해놓아도 좋다. 연료가 고갈된 채로 달리지
않으려면 훈련이 필요하다. 훈련이 주는 유익을 따져보면
충분히 그럴 만한 가치가 있다.

02 　나는 판단이 아닌 공감의 대상이다

이 책 여러 곳에서 자신을 배려하고 '자기판단self-judgement'이 아닌 '자기공감self-compassion'이 중요하다는 점을 강조했다. 6장에서는 내면 비판자가 어떻게 마음의 가해자가 될 수 있는지 살펴보았다. 내면에서 쉴 새 없이 자신을 공격한다면 어떻게 외부 세계의 시련과 곤경에 맞설 수 있겠는가? 외부의 가해자를 물리치듯 내부의 세력을 잠재우고 물리치는 법을 배워야 한다. 그런 점에서 자기공감은 회복탄력성을 높이는 중요한 요소다.

자기 자신을 엄격하게 대하는 사람들이 의외로 많다. 다른 사람에게는 잘 하지 않을 말을 스스로에게는 서슴없이 내뱉는다. 일단 자기공감을 체득하려면 그것이 무엇인지부터 알

아야 한다. 자기공감은 자신의 고통을 알아채고 덜어주고자
하는 것이다.

연로한 할머니가 무거운 시장바구니를 들고 낑낑거리며 찻
길을 건넌다. 이 장면을 지켜보고 있으면 어떤 생각이 드는
가? 할머니가 힘겨워하는 모습에 마음이 움직여 도와주고 싶
은 생각이 들 수 있다. 당신에게 일어난 변화는 다음의 세 단
계를 거친다.

- 고통을 의식한다.
- 감정적 반응이 일어난다.
- 고통받는 사람에 대한 보편적인 인간성을 느낀다.

자기공감은 위와 같은 과정을 바로 자신에게 적용하는 것
이다. 먼저 '자신'이 고통받는 사람임을 인식하고, 그다음 자
신의 고통을 덜어주고 싶은 마음을 느끼며, 마지막으로 고통
이란 모든 인간의 공통적인 운명임을 상기한다.

자기공감을 이해하는 하나의 방식은 자기비판을 조명하며
왜 이것이 상황을 어렵게 만드는지 파악하는 것이다. 자신에
게 비판적일 때 뇌는 위협과 방어 체계, 즉 긴급 경계 태세인

투쟁/도망/얼음 반응을 촉발한다. 이 경우 공격의 대상은 나 자신이다. 자기판단은 너무 가혹해 위협처럼 느껴진다. 몸에 서 스트레스 호르몬이 넘쳐나는 바람에 해야 할 일도 제대로 수행할 수 없다. 오히려 불안함 때문에 모든 기능이 마비되어 버린다.

하지만 자기공감은 전혀 다른 반응을 일으킨다. '돌봄과 친화tend and befriend' 시스템이라고도 알려진 자기공감은 학습과 성장을 위한 최고의 발판이 된다. 내면에 의지할 만한 지원군 과 버팀목을 제공하는 것이다.

무엇이 자기공감이 아닌가

'자기공감'이라는 단어를 들으면 나약한 사람의 전유물이 라는 생각이 드는가? 자기공감의 속뜻을 이기심이나 또 다른 형태의 자기연민이라고 생각하는가? 그렇다면 당신은 자기 공감이 게으름과 무기력에 빠지게 하므로 스스로를 자기비판 으로 밀어붙여야 한다고 생각할지도 모른다.

이는 자기공감에 대한 흔한 오해다. 사실 자기공감은 다르 게 표현하면 '자신을 불쌍히 여기는 것'이다. 자기공감은 "여 기 고통이 있다. 이를 덜기 위해 무엇을 할 수 있을까?"라고 선포하는 것이다. 자기공감을 실천하면 수혜자는 당신 하나 만이 아니다. 자신에 대한 배려가 있을 때 목표도 달성하고 타인도 지원하고자 하는 마음의 동력을 얻는다.

자기공감이 주는 유익

자기공감 연구자인 크리스틴 네프 박사 등 많은 연구자는 자기공감이 높은 사람일수록 부정적 사건에 반응하는 강도가 약하고, 이혼처럼 어려운 상황에 잘 대처하고, 실패를 덜 두려워하고, 전반적인 삶의 만족도가 높다고 밝혔다. 아울러 만성 통증 경감, 알코올 섭취 감소, 규칙적인 운동 증가 등 신체적인 유익을 가져다준다는 사실도 여러 연구를 통해 입증했다.

나는 나 자신만이 아니라 내가 코치한 의사와 간호사를 통해 자기비판이 얼마나 파괴적인지 직접 목격했다. 반면 자기공감은 작업 능력을 생산적으로 개선하고, 환자를 돌보는 기쁨을 배가시키고, 업무의 압박 속에서도 회복탄력성을 높였다. 당신이 직장이나 가정에서 보호자라면 타인을 향한 공감이 자신을 향한 공감으로 자동 전환되지 않는다는 사실을 이해해야 한다. 마음이 타인에게는 열려 있지만 자신에게는 굳게 닫혀 있을 때, 이는 주변 사람과 나를 단절시킨다. 다른 사람은 공감받을 가치가 있지만 자신은 아니라고 말하는 것과 같다. 그러면 시간이 흐를수록 회복탄력성이 고갈되어 번아웃과 탈진을 야기한다.

가끔 우리는 살면서 왜 어려운 상황에 처하는지 자문한다. 삶이 바라는 방향으로 흘러가지 않을 때 뭔가 잘못되었다고 느낀다. 자기를 공감하는 사람은 삶이 완벽하지 않아도 자책해서는 안 된다는 것을 안다. 그 누구도 고통 없는 완벽한 인생을 살 수 없기 때문이다. 이 깨달음이 생기면 고립감을 느끼기보다는 타인과 더 큰 연대감을 갖게 된다.

회복탄력성 훈련: 자기공감 틈새 시간

자기돌봄을 실천하려면 대부분의 경우는 시간을 따로 내야 한다. 하지만 자기공감은 언제라도 실천할 수 있는 형태의 자기돌봄이다. 특히 힘든 순간에 자기공감을 수행하는 것이 중요하다. 우리는 훈련을 통해서만 스스로에게 공감하는 능력을 계발할 수 있다. 크리스틴 네프 박사가 처음 계발한 '자기공감 틈새 시간'은 의심과 자기비판의 목소리가 밀려올 때 방파제 역할을 한다.

1. 스트레스를 야기하는 상황을 생각하자. 마음속에 상황을 그린다. 몸이 실제로 스트레스와 불편한 감정을 느끼는지 살펴보자.

2. 오른손을 심장 위에 올려놓고, 오른손이 지그시 누르는 압박감과 손의 온기를 느끼며 스스로에게 이렇게 말하자.

   지금은 고통의 순간이야. 힘이 들어. 누구라도 내가 겪는 일을 겪으면 이런 느낌이겠지. 고통 없는 인생은 없어.

3. 그런 다음 자신에게 이렇게 말해보자.

   이 순간 나 자신을 배려하고 싶어.
   나에게 필요하고 또 받을 자격 있는 공감을 주고 싶어.
   나를 용납하고 싶어. 어떤 식으로든 도움이 될 거야.
   나도 불완전한 인간들 사이에 있는 불완전한 인간이야.

혹시 자기공감이 어렵게 느껴진다면, 가까운 친구나 사랑하는 사람이 당신이 겪고 있는 일을 겪는다고 상상해보자. 그들에게 무슨 말을 해주겠는가?

  이 훈련을 통해 어떤 기분이 들었는지 잠시 돌아보는 시간을 갖는다. 불편한 느낌이 들었다면 아마도 스스로를 배려하지 않고 살아왔기 때문일 것이다. 한 주를 보내는 동안

정기적으로 자기공감을 위한 틈새시간을 가져보자. 훈련을 많이 활용할수록 자기공감은 훨씬 수월해질 것이다.

03 나만을 위한 시간을 따로 만들자

　　나만을 위한 시간을 내는 것은 쉽지 않다. 하지만 시간을 내지 못했을 때 치러야 할 비용은 너무 크다. 자기만을 위한 시간을 가진 뒤로 최고의 선택을 하게 된 어느 여성의 이야기를 들어보자.

　　힐데는 깨어 있는 시간 대부분을 남편 리처드를 간병하는데 썼다. 남편은 4년째 알츠하이머병을 앓고 있었다. 힐데는 종일 계속되는 남편의 간병으로 녹초가 되어갔다. 그럼에도 자기만을 위한 시간을 갖는 것은 이기적이라고 생각했다. 사실 병에 걸린 환자는 그녀가 아닌데도 말이다. 그래서 계속 남편 간병에 자신의 시간을 모조리 쏟아부었다.

그러다가 힐데의 건강도 나빠지기 시작했다. 조치를 취하지 않으면 자신도 병에 걸려 남편 간병도 하지 못할 것 같았다. 자녀들과 상의해 가정보호사를 들이기로 했다. 그때부터 숨 돌릴 여유를 얻어 산책도 하고 자신에게 중요한 일에도 집중할 수 있었다. 힐데는 건강이 호전되었고 남편의 간병도 한결 효과적으로 감당할 수 있었다.

나만을 위한 시간을 내려면 상황 통제권을 내려놓아야 한다. 다시 말해, 내가 아니면 일이 제대로 돌아가지 않는다는 믿음을 포기해야 한다는 것이다. 그 일을 할 사람은 나밖에 없다는 생각을 내려놓아야 한다. 힐데의 경우 리처드의 간병을 다른 이에게 맡겨야 자기돌봄이 가능했는데, 그녀에게 쉽지 않은 일이었다. 물론 힐데는 짐을 나눠 들지 않으면 얼마 가지 못해 아예 그 짐을 들 수 없다는 사실을 깨달았다.

자기돌봄 먼저

자기돌봄의 핵심은 시간을 만드는 것이다. 시간을 만들지 않으면 다른 일에 밀려버린다. 스케줄은 미팅이나 업무로 꽉 차 있다. 이 스케줄에 나를 위한 시간을 넣는 것은 나에게 헌

신하겠다는 약속이다. 자기돌봄의 방법은 다양하지만 여기서는 핵심적인 방법 몇 가지만 소개하겠다.

1. 운동

운동은 매우 유익한 자기돌봄 활동이다. 규칙적인 운동은 체중 감량, 혈압 조절, 뇌졸중 위험 감소, 불면증 개선, 치매 위험 감소 등 신체 건강에 이롭다. 우울증 및 불안 감소, 스트레스 호르몬 수위 감소, 원기 회복 등 정신 건강에도 좋다. 기억력을 향상시키고 새로운 신경연결망을 만드는 뇌의 능력을 활성화해 뇌염을 감소시킨다. 이밖에도 운동의 긍정적 효과를 뒷받침하는 수천 건의 연구 결과가 있다. 달력에 운동 일정을 미리 체크하고 다른 업무만큼이나 중요한 선약으로 취급하자. 산책, 집안일, 정원 손질 등 활동적인 일을 일상에 포함시키자.

2. 영양

영양은 사실 아주 방대한 영역이다. 일반적으로 포화 지방 섭취를 줄이고 가당 음료를 피하고 과일과 야채를 자주 섭취하는 것이 건강의 버팀목이 된다. 의사나 영양사의 도움을 받아 필요에 맞는 식단을 짤 수도 있다. 여기서는 영양학적으로 좋은 선택을 하면 반드시 회복탄력성에 도움이 된다는 사실만 강조하고 넘어가야겠다.

3. 충분한 잠

충분한 잠은 심신 건강에 여러모로 도움이 된다. 수면 부족이 비만, 당뇨, 치매, 수명 단축 등의 발생 위험을 높인다는 사실은 여러 연구를 통해 이미 밝혀졌다. 잠을 자는 대신 일을 더 하고 싶은 유혹을 받을 수도 있지만, 그렇게 시간을 절약하면 피로감, 집중력 저하, 수행력 저하를 가져올 것이다. 하루에 8시간을 꽉 채워서 자야 하는 사람이 있는가 하면 6~7시간 수면으로도 충분한 사람이 있다. 당신에게 충분한 수면 시간을 지속적으로 유지해보자.

4. 명상

운동이나 건강한 식생활만큼 친숙하지는 않지만 명상도 여러 면에서 건강에 도움이 될 수 있다. 명상은 뇌의 편도체 크기를 줄이고 뇌에서 복합적 사고를 담당하는 전두엽과 다른 핵심 부위의 회색질 두께를 늘려준다. 명상은 혈압을 낮추고 심장병과 뇌졸중의 위험을 줄이고 심각한 우울증 재발 위험을 감소시킨다. 더불어 누구나 빠지기 쉬운 장래에 대한 두려움, 걱정, 불안에서 건져내 안전하고 괜찮은 현실로 인도한다. 이미 실천하고 있는 명상법이 없다면 이 책에 수록된 열린 하늘 명상이나 마음챙김 명상을 시도해보자.

자기돌봄을 어디서부터 시작해야 하는지 감이 오지 않는가? 무엇을 하든 양보다 질이 중요하다. 소소한 자기돌봄이라도 인생의 장애물을 엎을 수 있다. 나도 오후에 차 한잔 즐기겠다는 약속으로 자기돌봄을 시작했다. 사소해 보이지만 내가 자기돌봄을 누릴 가치가 충분한 존재라고 느끼게 되었다. 자기돌봄 습관을 키우는 데 도움이 될 몇 가지 팁을 소개한다.

회복탄력성 훈련: 자기돌봄 실천하기

자기돌봄을 일정에 포함시킨 다음에는 다른 사람이나 다른 일이 더 중요하다는 생각은 버리자. 여기서 자기돌봄을 실천하기 위한 몇 가지 방법을 소개한다.

1. **나만을 위한 시간을 정한다.** 일정을 미리 잡지 않으면 자기돌봄은 흐지부지된다. 하루나 한 주 가운데 자기돌봄을 위해 떼어놓을 수 있는 시간을 찾아보자. 종이 달력이든 스마트폰 달력이든 '나만을 위한 시간'을 표시해둔다. 그 시간에는 약속을 잡기 힘들다고 다른 사람에게도 미리 알리자. 병원 진료를 함부로 취소하지 않는 것처럼 자신과의 약속도 함부로 취소해서는 안 된다.

2. **규칙을 만든다.** '작은 의례mini-ritual'를 만들면 자기돌봄을 실천하기가 훨씬 수월해진다. 퇴근하고 집으로 돌아와 다른 일을 시작하기 전에 10분만이라도 기분이 좋아지는 일을 할 수 있다. 매일 잠자리에 들기 전 10분간 명상을 하거나 뜨거운 물로 족욕을 하는 등 취침 전 루틴을 만들 수도 있다. 일상과 자기돌봄을 많이 접목할수록 자기돌봄이 쉽게 일상의 습관으로 자리 잡는다.

3. **목표를 세운다.** 목표를 세우고 하나둘씩 달성할 때마다 승리감을 맛보는 유형인가? 그렇다면 실제 경험을 통해 검증된 방법이 중도 하차하지 않고 지속하는 데 도움이 된다. 운동(매주 몇 킬로미터를 걸었는가?), 명상, 제시간에 잠자리 들기(얼마나 자주 목표를 충족했는가?) 등 목표를 세우자. 일단 구체적인 목표를 하나씩 달성하는 쾌감을 스스로에게 선사하자.

4. 디지털 금식을 한다. 디지털 기술의 노예처럼 쉬지 않고 문자나 메일, 알림을 들여다보는 사람이 많다. 쉽지는 않겠지만 주기적으로 '스크린 금지no-screen' 시간을 가져보자. 이 시간에는 디지털 기기를 잠시 치우고 조용히 앉아 명상을 하거나 운동을 하거나 건강한 식사를 하거나 사랑하는 사람과 시간을 보낸다.

5. 작게 시작한다. 갑작스럽게 자기돌봄 습관을 키우려고 하지 말자. 스스로를 위해 시간 내는 것에 익숙하지 않다면, 작은 일이라도 훌륭한 시작이 될 수 있다. 궤도에서 이탈해도 자책하지 말고 다시 시작하면 된다. 나의 좌우명이 도움이 되길 바란다.

> 새로운 일을 할 땐 아주 작게 시작하라.
> 아무 일도 시작하지 않는 것보다 훨씬 낫다.

- 자기돌봄은 최적의 심신 상태를 유지해 회복탄력성을 높인다.

- 나를 위한 시간을 외면할 때 치러야 할 비용은 크다. 타인에 대한 공감 상실, 우울증에 따른 침체, 생산성 저하를 초래할 수 있다.

- 자기돌봄을 우선순위로 삼으려면 자기돌봄을 받을 가치가 없다는 믿음 을 내려놓아야 한다. 다른 요구들에 대해 일단 '아니오'라고 말할 줄 알 아야 한다.

- 자기공감은 가까운 친구나 사랑하는 사람을 대하듯 자기 자신을 대하 는 것이다.

- 자기돌봄을 수행하려면 미리 일정을 잡고 시간을 확보해야 한다.

- 운동, 좋은 영양 섭취, 충분한 잠, 명상 등은 신체, 정신, 뇌의 건강 면에 서 상당히 유익하고 회복탄력성을 높이는 데 도움이 된다.

8장

회복탄력성은
마라톤이다

이 책을 1장부터 차례대로 읽었든, 필요한 부분부터 선택적으로 읽었든 당신은 이미 회복탄력성을 키우기 위한 어마어마한 한 걸음을 내딛었다. 이제 시간과 에너지를 들여 새로운 전략과 도구를 학습하고 적용하기로 마음먹었다. 해야 하는 수많은 다른 일을 앞에 두고서 결코 쉬운 결정은 아니었을 것이다. 이제 앞으로 나아가는 과정에서, 배운 내용을 복습하거나 심화하거나 건너뛴 내용을 학습하는 등 필요할 때마다 다시 이 책으로 돌아오길 바란다.

01 한 발 한 발 앞으로 나아가자

내 삶의 주인은 나 자신이라는 의식을 항상 가져야 한다. 당신이 회복탄력성을 키우기 위해 어떤 과정을 밟든 이 책에서 배운 개념과 훈련이 도움이 될 것이다. 회복탄력성은 비범한 영웅이나 초능력자의 전유물이 아니라 누구나 내면에 가지고 있는 힘이다. 이 책에서는 실제 인물들이 어떻게 역경에 대처했는지 사연을 나누었다. 여기에는 내 이야기도 포함되어 있다. 누구나 어떤 일을 겪든 스스로 극복할 수 있다는 사실을 보여주고 싶었다.

이 책은 회복탄력성을 높이는 데 유익한 도구와 정보를 제공한다. 회복탄력성이라는 내면의 원천은 어떤 어려움이 닥쳐도 스스로가 버팀목이 되게 한다. 회복탄력성은 관계, 유연

성, 끈기, 자기조절, 긍정성, 자기돌봄을 통해 강해진다. 회복
탄력성이 강해지면 아무리 큰 역경에 부딪혀도 압도되지 않
고 감당해낼 수 있다.

일상에서 회복탄력성을 계발할 때 유용한 몇 가지 훈련을
마지막으로 정리해보자.

마음챙김 훈련을 활용한다. 마음챙김 훈련은 회복탄력성
계발에 유익하다. 3장에서 살펴보았듯이 마음챙김은 지금 여
기서 당신의 생각과 감정과 신체에 주의를 기울이는 것이다.
머릿속에서 만든 허황된 이야기에서 벗어나 실체적 진실에
주목할수록 회복탄력성을 위해 무엇이 필요한지 알게 된다.
어깨가 경직되거나 심장이 쿵쾅거리거나 연신 하품이 나오
는 등 몸이 보내는 이상 신호를 주목하게 된다. 마음챙김을 처
음 접하는 사람에게는 열린 하늘 명상이나 마음챙김 명상을
권한다. 아울러 자기 자신에게 맞는 마음챙김 기술을 더 찾아
보길 바란다. 이 책 끝에 있는 '도움이 될 만한 자료' 목록에서
더 많은 아이디어를 얻을 수도 있다.

자기공감 능력을 갖춘다. 누구도 완벽한 사람은 없다. 하지

만 우리는 생각보다 꽤 괜찮은 사람들이다. 타고난 부정성 편향은 우리를 허물과 잘못에만 초점을 맞추게 한다. 따라서 부정적 성향을 의식적으로 경계해야 한다. 자신의 강점을 찾기 어려울 때마다 6장과 7장을 다시 읽어보길 바란다. 내면 비판자가 회복탄력성을 계발하려는 의지를 꺾지 못하도록 막자. 스스로에게 관대해야 남에게도 관대할 수 있다는 사실을 명심하자.

긍정성에 초점을 맞춘다. 1장에서 살펴보았듯이 말랑말랑한 뇌는 우리가 경험하고 집중하는 것을 토대로 부단히 새로운 신경 회로를 계발한다. 뇌가 생각을 뒷받침할 연결망을 창조하기 때문에 어느 날 당신의 관심사가 진짜 당신의 현실이 될 수도 있다. 긍정적 경험과 성공에 몰입하면 뇌는 그것에 집중한다. 불만, 분노, 원망 등 부정성을 내려놓을 때마다 긍정성은 더 크게 자란다. 이 긍정성은 회복탄력성을 재충전할 것이다. 긍정성을 유지하기 어렵다면 6장에서 제시한 '마법의 월요일'을 훈련해보자.

다른 사람과 교류한다. 좋은 인간관계는 회복탄력성에 도움이 된다. 인간은 고도로 사회화된 종(種)이므로 사회적 교류를 통해 받는 격려, 인정, 위안, 지지의 중요성을 과소평가해서는 안 된다. 소소한 교류든 깊은 관계든 어려운 시기를 헤쳐 나갈 생명줄이 되어준다. 사회성이 타고난 사람도 있지만 인간관계를 맺는 데 도움이 필요한 사람도 있을 것이다. 2장에서 소개한 훈련이 도움이 될 것이다.

존재의 세 가지 징표를 기억한다. 마지막으로 3장에서 다룬 존재의 세 가지 징표를 기억하길 바란다. 힘든 시기에 이 세 가지를 명심하면 세상이 달라 보인다. 첫 번째 징표는 누구에게나 나쁜 일과 고난은 늘 일어나기 마련이라는 것이다. 두 번째 징표는 모든 것은 항상 변한다는 것이다. 세 번째 징표는 삶에서 내가 진짜 주인공인 경우는 많지 않다는 것이다. 세 가지 징표가 내심 사실이 아니길 바라겠지만, 이 진실이야말로 회복탄력성의 견고한 발판이 될 것이다. 존재의 세 가지 징표를 마음에 새기면 '2차 화살'로부터 오는 고통을 훨씬 줄일 수 있다.

02 마라톤을 끝까지 완주하려면

회복탄력성은 일회적인 결정이나 행동이 아니라 지속적인 과정이다. 회복탄력성은 평생에 걸쳐 무수한 선택으로 쌓아 올리는 것이다. 삶의 여정에는 수많은 선택 지점이 있고 선택 하나하나가 회복탄력성에 보탬이 된다. 혹시 그렇지 않았더라도 괜찮다. 앞으로 더 많은 선택이 우리를 기다리고 있을 테니까. 여기서 피해야 할 두 가지 함정을 다시 한번 정리한다.

다른 사람과 자신을 비교하는 것. 우리는 앞으로 나아가고 있지만 그렇다고 인생은 단선적인 흐름이 아니다. 삶의 목적에 충실할 때도 있겠지만 그렇지 않을 때도 있다. 인생은 원래 그렇다. 회복탄력성을 추구하는 여정에서 굴곡을 마주치기도 하고 돌아가기도 하고 뒷걸음치기도 한다. 다른 사람과 자신을 비교하느라 정신 에너지를 소모하는 일이 전혀 없을 수는 없다. 하지만 '비교는 행복의 도둑이다'라는 속담을 명심하길 바란다. 남들과 비교하는 것은 불행으로 가는 지름길이다. 회복탄력성은 얼마나 비교를 자제하느냐에 달려 있다.

자기돌봄을 뒷전으로 미루는 것. 당신은 날마다 회복탄력성을 높이는 데 투자할 수 있다. 하지만 누구나 자기돌봄을 뒷전으로 미루라는 압박을 느낀다. 평소 꾸준히 회복탄력성을 재충전해두지 않으면 막상 필요할 때 결핍을 느끼게 된다. 아무리 분주해도 하루도 빠짐없이 자기돌봄을 위한 시간을 가져야 한다. 틈틈이 가지는 소소한 순간도 좋다. 당신의 안녕에 투자하자. 자기돌봄을 우선순위에 두는 것이 이기적으로 느껴지는가. 자신을 돌보지 않으면 다른 누구도 돌볼 수 없다.

(03) 마치며

나는 당신이 이 책을 벗 삼아 어떤 도전이든 감당하며 살아갈 자신감을 얻길 바란다. 당신은 삶을 건강하게 관리하고 통제할 수 있다. 회복탄력성이 높아질수록 스스로를 운명의 바람을 타고 떠다니는 희생양이라고 생각하는 일은 줄어든다. 회복탄력성은 누가 뭐래도 당신의 '천부권'이다. 회복탄력성은 역경이 닥칠 때 완충장치 역할을 하는 힘이다. 이 점을 확실히 인식하고 더 쉽게, 더 지속적으로 내면의 자원을 끌어다 쓸 수 있도록 돕는 것이 이 책의 목표다.

마치기 전에 마지막으로 하고 싶은 말이 있다. 누구도 과거로 돌아가 도입부를 새롭게 쓸 수는 없겠지만, 엔딩은 얼마든지 새롭게 쓸 수 있다. 우리가 마주했던 역경과 트라우마는 바꿀 수 없다. 출생 배경과 가정도 바꿀 수 없다. 과거의 나 자신과 다른 사람의 행동도 바꿀 수 없다. 하지만 당장 오늘부터 인생의 새로운 엔딩은 써나갈 수 있다. 우리는 자신의 인생을 써 내려가는 작가다. 사랑하는 독자 여러분, 이 진실을 깨닫는다면 그만큼 회복탄력성도 높아질 것이다.

도움이 될 만한 자료

1장 누구에게나 회복탄력성은 있다

Altered Traits: Science Reveals How Meditation Changes Your Mind, Brain, and Body, by Daniel Goleman and Richard J. Davidson (Penguin, 2017)
: 마음챙김과 명상에 관한 면밀한 연구 모음.

"Understanding the Stress Response," by Harvard Health,
Health.Harvard.edu/staying-healthy/understanding-the-stress-response
: 투쟁/도망/얼음 반응에 관한 생리학·신경해부학적 이해를 위한 탁월한 자료.

"Neuroplasticity and Clinical Practice: Building Brain Power for Health"
by Joyce Shaffer (Frontiers in Psychology, 2016)
: 신경가소성 연구에 관한 탄탄한 개관 자료.

2장 대인관계

Love 2.0: Finding Happiness and Health in Moments of Connection,
by Barbara Fredrickson (Penguin, 2013)
: 이 책은 최적의 인간 기능 중 사랑이 차지하는 중요성을 강조하며 긍정적 감정에

관한 과학적 견해와 실제적 혜안을 제공한다.

The Empathy Effect: Seven Neuroscience-Based Keys for Transforming the Way We Live, Love, Work, and Connect across Differences, by Helen Reiss (Sounds True Publishing, 2018) (『최고의 나를 만드는 공감 능력』 코리아닷컴, 2019)
: 세계적으로 인정받는 훌륭한 공감 연구자의 신경과학에 기초한 공감 입문서.

Random Acts, RandomActs.org
: '무작위 선행'에 관한 자료를 제공하는 비영리단체 웹사이트.

VolunteerMatch, VolunteerMatch.org
: 개인에게 자원봉사를 연결시켜주는 전문 사이트.

3장 유연성

The Heart of the Buddha's Teaching: Transforming Suffering into Peace, Joy, and Liberation, by Thich Nhat Hanh (Rider, 1998) (『틱낫한 스님의 아! 붓다』 반디미디어, 2004)
: 세계적으로 명망 높은 마음챙김 교육가가 쓴 비교적 쉬운 책으로 불교 철학과 수련에 관해 자세히 소개한다.

Mindfulness for Beginners: Reclaiming the Present Moment—and Your Life, by Jon Kabat-Zinn (Sounds True, 2012) (『처음 만나는 마음챙김 명상』 불광출판사, 2012)
: 마음챙김 분야를 선도하는 학자가 쓴 읽기 쉬운 마음챙김 입문서.

Mindful Magazine, Mindful.org/magazine
: 마음챙김과 명상에 관한 다양한 글과 블로그 포스팅을 소개하는 잡지.

Mindfulness-Based Stress Reduction Course
: 존 카밧진이 계발한 탁월한 마음챙김 기초 탐구 강좌를 세계 전역의 보건 기관과 지역사회 단체에서 제공한다.

Insight Timer, InsightTimer.com
: 마음챙김 분야의 선도자들이 안내하는 수많은 명상을 제공하는 무료 앱.

4장 끈기

Grit: The Power of Passion and Perseverance, by Angela Duckworth (Simon and Schuster, 2016) (『그릿』, 비즈니스북스, 2019)
: 인생에서 목표와 행복을 이루는 데 끈기의 역할을 강조한 책.

Helping People Change: Coaching with Compassion for Lifelong Learning and Growth, by Richard Boyatzis, Melvin L. Smith, and Ellen Van Oosten (Harvard Business Press, 2019)
: 의도변화이론에 관한 연구를 요약하고, 긍정적인 비전을 가지고 자신의 목적을 이룬 인물들을 살펴본 책.

Goal Setting: A Scientific Guide to Setting and Achieving Goals, by James Clear, JamesClear.com/goal-setting
: Atomic Habits: An Easy & Proven Way to Build Good Habits & Break Bad Ones (Avery, 2018) (『아주 작은 습관의 힘』, 비즈니스북스, 2019)의 저자가 제시하는 탁월한 목표 수립 비법.

5장 자기조절

Emotional Intelligence: Why It Can Matter More Than IQ, by Daniel Goleman (Bantam, 1995) (『EQ 감성지능』, 웅진지식하우스, 2008)
: 감성지능을 심층적으로 검토한 책.

Radical Compassion: Learning to Love Yourself and Your World with the Practice of RAIN, by Tara Brach (Viking Life, 2019)
: 각 개인들과 지구의 건강에 자기공감이 얼마나 중요한지 읽기 쉽게 설명한 책.

Fear: Essential Wisdom for Getting through the Storm, by Thich Nhat Hanh (Random House, 2012) (『오늘도 두려움 없이』, 김영사, 2013)

: 지혜와 공감으로 두려움을 다스리는 길을 제시한 탁월하면서도 가볍게 읽을 수 있는 책.

6장 긍정성

The University of Pennsylvania Positive Psychology Center, PPC.SAS.UPenn. edu
: 긍정심리학에 관한 연구물, 교육 관련 정보, 기타 자료 등 방대한 정보를 제공하는 사이트.

The Happiness Advantage: The Seven Principles of Positive Psychology That Fuel Success and Performance at Work, by Shawn Achor (Crown Business, 2011) (『행복의 특권』 청림출판, 2012)
: 긍정심리학에 관한 탁월한 입문서.

7장 자기돌봄

Self-Care Resource Center, APA.org/helpcenter/self-care
: 자기돌봄 자료를 전문적으로 제공하는 미국심리학협회 사이트.

Self-Compassion, Self-Compassion.org
: 자기공감에 관한 다양한 연구물과 자료를 제공하는 사이트.

8장 회복탄력성은 마라톤이다

The Greater Good Science Center, UC Berkeley, GreaterGood.Berkeley.edu
: 회복탄력성과 잘 사는 법에 관한 연구물 및 기타 자료 모음.

The Mindful Way through Depression: Freeing Yourself from Chronic Unhappiness, by Mark Williams, John Teasdale, Zindel Segal, and Jon Kabat-Zinn (Guilford Press, 2007) (『마음챙김으로 우울을 지나는 법』 마음친구, 2020)
: '마음챙김 기반 인지 치료' 프로그램을 통한 우울증과 불안 탈출을 위한 탁월한 워크북.

참고문헌

Achor, Shawn. *The Happiness Advantage: The Seven Principles of Positive Psychology That Fuel Success and Performance at Work*. New York: Crown Business, 2010. (『행복의 특권』, 청림출판, 2012)

Berlin, Lisa, Yair Ziv, Lisa Amaya-Jackson, and Mark Greenberg. *Enhancing Early Attachments: Theory, Research, Intervention, and Policy*. New York: Guilford Press, 2007.

Boyatzis, Richard, Melvin L. Smith, and Ellen Van Oosten. *Helping People Change: Coaching with Compassion for Lifelong Learning and Growth*. Boston: Harvard Business School Press, 2019.

Brach, Tara. *Radical Compassion: Learning to Love Yourself and Your World with the Practice of RAIN*. New York: Penguin Random House, 2019.

Buchanan, Kathryn E., and Anat Bardi. "Acts of Kindness and Acts of Novelty Affect Life Satisfaction." *The Journal of Social Psychology* 150, no. 3 (2010):

235-37.

Duarte, Joana, and José Pinto-Gouveia. "Positive Affect and Parasympathetic Activity: Evidence for a Quadratic Relationship between Feeling Safe and Content and Heart Rate Variability." *Psychiatry Research* 257 (2017): 284-89.

Duckworth, Angela. *Grit: The Power of Passion and Perseverance*. New York: Simon and Schuster, 2016. (『그릿』 비즈니스북스, 2019)

Fredrickson, Barbara. *Love 2.0: Finding Happiness and Health in Moments of Connection*. New York: Penguin, 2013

Goleman, Daniel. *Emotional Intelligence: Why It Can Matter More Than IQ*. New York: Bantam, 1995. (『EQ 감성지능』 웅진지식하우스, 2008)

Hanh, Thich Nhat. *Taming the Tiger Within: Meditations on Transforming Difficult Emotions*. London: Penguin, 2004. (『그대 안의 호랑이를 길들여라』 케이디북스, 2010)

Harvard Health. "From Irritated to Enraged: Anger's Toxic Effect on the Heart." Published December 2014. Health.Harvard.edu/heart-health/from-irritated-to-enraged-angers-toxic-effect-on-the-heart.

Harvard Health. "Understanding the Stress Response." Published May 1, 2018. Health.Harvard.edu/staying-healthy/understanding-the-stress-response.

Hayes, Steven, with Spencer Smith. *Get Out of Your Mind and Into Your Life: The New Acceptance and Commitment Therapy*. Oakland: New Harbinger Publications, 2005. (『마음에서 빠져나와 삶 속으로 들어가라』 학지사, 2010)

Hotermans, Christophe, Philippe Peigneux, Alain Maertens De Noordhout, Gustave Moonen, and Pierre Maquet. "Repetitive Transcanial Magnetic

Stimulation over the Primary Motor Cortex Disrupts Early Boost but Not Delayed Gains in Performance in Motor Sequence Learning." *European Journal of Neuroscience* 28, no. 6 (2008): 1216-21.

Hyde, Catherine Ryan. *Pay It Forward*. New York: Simon and Schuster, 2014. (『트레버』 뜨인돌, 2008)

Institute for Mindful Leadership. "Institute for Mindful Leadership." Accessed February 16, 2020. InstituteforMindfulLeadership.org.

The International Center for Self Care Research. "International Center for Self Care Research." Accessed March 20, 2020. SelfCareResearch.org.

Kim, Eric S., Kaitlin A. Hagan, Francine Grodstein, Dawn L. DeMeo, Immaculata De Vivo, and Laura D. Kubzansky. "Optimism and Cause-Specific Mortality: A Prospective Cohort Study." *American Journal of Epidemiology* 185, no. 1 (2017): 21-29.

Kuhn, C .M., and E. M. Flanagan. "Self-Care as a Professional Imperative: Physician Burnout, Depression, and Suicide." *Canadian Journal of Anaesthesia* 64 (2017): 158-168

The Mayo Clinic. "Chronic Stress Puts Your Health at Risk." Published May 19, 2019. Accessed February 27, 2020. MayoClinic.org/healthy-lifestyle/stress-management/in-depth/stress/art-20046037.

Neff, Kristin. "Self-Compassion Publications." Accessed January 16, 2020. Self-Compassion.org/the-research.

Niitsu, Kosuke, Michael J. Rice, Julia F. Houfek, Scott F. Stoltenberg, Kevin A. Kupzyk, and Cecilia R. Barron. "A Systematic Review of Genetic Influence on Psychological Resilience." *Biological Research for Nursing* 21, no. 1 (2019):

61-71.

Pattakos, Alex. *Prisoners of Our Thoughts: Viktor Frankl's Principles for Discovering Meaning in Life and Work*. With Foreword by Stephen R. Covey. San Francisco: Berrett-Koehler, 2008.

Rein, Glen, Mike Atkinson, and Rollin McCraty. "The Physiological and Psychological Effects of Compassion and Anger." *Journal of Advancement in Medicine* 8, no. 2 (1995): 87-105.

Riegel, Barbara, Sandra B. Dunbar, Donna Fitzsimons, Kenneth E. Freedland, Christopher S. Lee, Sandy Middleton, Anna Stromberg, Ercole Vellone, David E. Webber, and Tiny Jaarsma. "Self-Care Research: Where Are We Now? Where Are We Going?" *International Journal of Nursing Studies* (in press). doi. org/10.1016/j.ijnurstu.2019.103402.

Riess, Helen. *The Empathy Effect: Seven Neuroscience-Based Keys for Transforming the Way We Live, Love, Work, and Connect across Differences*. Louisville: Sounds True Publishing, 2018. (『최고의 나를 만드는 공감 능력』, 코리아닷컴, 2019)

Rogers, Carl. *On Becoming a Person: A Therapist's Version of Psychotherapy*. Boston: Houghton Mifflin, 1961. (『진정한 사람 되기』, 학지사, 2009)

Ryan, Richard M., and Edward L. Deci. "Self-Determination Theory and the Facilitation of Intrinsic Motivation, Social Development, and Well-Being." *American Psychologist* 55, no. 1 (2000): 68-78.

Sin, Nancy L., and Sonja Lyubomirsky. "Enhancing Well-Being and Alleviating Depressive Symptoms with Positive Psychology Interventions: A Practice-Friendly Meta-Analysis." *Journal of Clinical Psychology* 65, no. 5 (2009): 467-87.

Valtorta, Nicole K., Mona Kanaan, Simon Gilbody, Sara Ronzi, and Barbara Hanratty. "Loneliness and Social Isolation as Risk Factors for Coronary Heart Disease and Stroke: Systematic Review and Meta-Analysis of Longitudinal Observational Studies." *Heart* 102, no. 13 (2016): 1009-16.

감사의 말

이 책은 몇몇 분의 도움이 없었다면 완성하기 어려웠을 것이다. 우선, 나의 벗이자 회복탄력성 멘토인 캐럴 카우프만은 내 인생을 치유하는 데 결정적인 사람이었다. 나의 환자이면서 전문가의 식견으로 초고를 읽어준 비어트리스 스티펙에게도 매우 감사드린다. 아울러 이 작업에 도움을 준 리즈 드랜스, 파타 수에모토, 수잔 다우스웨이트에게도 감사를 전한다. 함께 일하는 시간이 말 그대로 기쁨이자 선물이었던 칼리스토 미디어의 탁월한 편집자들에게 특별히 감사의 마음을 전한다. 나는 인간 심리학과 마음챙김 연구를 필생의 업으로 삼은 여러 스승들에게서 회복탄력성을 배웠다. 소중한 스승이 되어주신 타라 브랙, 잭 콘필드, 샤론 샐즈버그, 존 카밧진, 틱

낮한, 페마 코드론에게 심심한 감사의 말씀을 드린다. 하나밖에 없는 엄마인 나를 참아준 아들 다비 가젤에게도 고맙다고 말하고 싶다. 무엇보다도 삶의 거룩한 마지막 여정에 초대해준 여러 환자와 그의 가족들, 그리고 너무도 진솔하게 자신의 연약함을 고백해준 나의 의사 코칭 내담자들에게 경의를 표하고 싶다.

옮긴이 손현선

연세대학교 영어영문학과와 한국외국어대학교 통번역대학원을 졸업하고 주한 미국대사관 수석통역사로 일했다. 옮긴 책으로는 『감사의 재발견』, 『이토록 멋진 휴식』, 『난 더 이상 상처에 속지 않는다』, 『지혜롭게 산다는 것』, 『어쩌다 싱글』, 『보이지 않는 세계』, 『땅의 것들』, 『자연, 양심, 하나님』 등 다수가 있다.

하버드 회복탄력성 수업

1판 1쇄 발행 2021년 5월 26일
1판 15쇄 발행 2024년 9월 25일

지은이 게일 가젤
옮긴이 손현선
발행인 박명곤 **CEO** 박지성 **CFO** 김영은
기획편집1팀 채대광, 김준원, 이승미, 김윤아, 이상지
기획편집2팀 박일귀, 이은빈, 강민형, 이지은, 박고은
디자인팀 구경표, 유채민, 임지선
마케팅팀 임우열, 김은지, 전상미, 이호, 최고은

펴낸곳 (주)현대지성
출판등록 제406-2014-000124호
전화 070-7791-2136 **팩스** 0303-3444-2136
주소 서울시 강서구 마곡중앙6로 40, 장흥빌딩 10층
홈페이지 www.hdjisung.com **이메일** support@hdjisung.com
제작처 영신사

ⓒ 현대지성 2021

"Curious and Creative people make Inspiring Contents"
현대지성은 여러분의 의견 하나하나를 소중히 받고 있습니다.
원고 투고, 오탈자 제보, 제휴 제안은 support@hdjisung.com으로 보내 주세요.

 현대지성 홈페이지

이 책을 만든 사람들
기획 채대광 **편집** 박일귀 **디자인** 디스커버